新しい国へ

美しい国へ 完全版

安倍晋三

文春新書

903

まえがき――『新しい国へ』刊行にあたって

「自民党は変わったのか」「安倍晋三は本当に変わったのか」――総選挙を間近に控えて、有権者の方々からそうした疑問の声をいただくことがございました。

まず私自身のことについて、申し上げたいと思います。

五年前の二〇〇七年、病気のためとはいえ、突然、私が総理の座を辞したことで、国民の皆様には大変なご迷惑をおかけしました。このことに対する責任が消える事は有りません。

総理の座を辞した後、私は今一度、政治家としての原点に還ることを誓い、一議員として地元で小さな集会を重ねて、厳しいお言葉を受け止めてきました。そうして迎えた三年前の二〇〇九年の総選挙。もし、この選挙で地元の方々から圧倒的な支持を得られなかったときは、その任期を終えれば政界を引退すると決めておりました。結果として、対民主党候補の得票率としては全国一位の支持を得て、有権者から「もう一度、挑戦してみろ」と言われたことで、私の肚は固まりました。

先の自民党総裁選挙に出馬するに当たっては、周囲はほとんどが反対の立場でした。「ここで負けたら、今度こそ政治生命が終わる。満を持して時機を待つべきだ」というご助言もいただきました。

一方で、東日本大震災から一年半が過ぎても、復興は遅々として進まず、被災地に赴けば、「安倍さん、何とかしてください」という悲痛な声を聴かされました。さらに日本経済は低迷を続け、その足元を見るかのように、近隣諸国は、わが国の領土をめぐり圧力をかけてきています。

日本の未来が脅かされている今、安穏と「時機を待って」いていいのか。最後は自分自身で決めるべき問題でした。私の決意を聞いた同志たちが火の玉となって総裁選を戦った結果、私は総理を一度務めた人間としては史上初めて、二度目の自民党総裁を務めることになりました。そして、年末の総選挙を経て、再び総理大臣の大任を担うことになりました。

初めて総理大臣を務めた頃の自分を振り返ると、今にして思えば、やや気負いすぎていたと思う部分もあります。今でも「あのときはこうするべきではなかったか」と思い返す事も少なくありません。そうしたことのひとつひとつをノートに書き留めて、この五年間、折に触れて読み返してきました。挫折も含めて、あのときの経験が私の政治家としての血肉となっていることを実感しています。

私は政治家として、大きな挫折を経験した人間であります。

そういう人間だからこそ、日本のためにすべてを捧げる覚悟があります。


その上で、二〇〇六年に刊行した『美しい国へ』を改訂して、『新しい国へ』として再刊することになりました。『美しい国へ』で述べたことは、私の政治家としての根本姿勢です。それは、今も変ることがありません。その内容には、一切手を加えておりません。今回は、自民党がふたたび政権を奪取するに際して、私が考える具体的政策を、附しました。

長引く景気低迷、迫りくる外交・安全保障上の危機など、日本を取り巻く環境は、ますます悪化しています。

この国をどこに導くべきか――本書において、私なりの考えを述べたいと思います。

二〇一二年十二月

安倍晋三

はじめに――「闘う政治家」「闘わない政治家」

わたしは政治家として十四年目を迎える。この間、素晴らしい仲間にめぐり合ったし、尊敬する先輩の指導を受けることもできた。

政治家の中には、あまり政策に興味を抱かない人がいる一方、特定の政策については細部までつき詰める人たちもいる。政局になると力を発揮する人もいるし、そうしたことには一切興味を示さない人たちもいる。かつては自民党に「官僚派」と「党人派」という区分けがあったが、現在は「政局派」と「政策派」という分け方ができるかもしれない。その意味では、若手議員のほとんどは、かつてと比べて政策中心にものを考える傾向が強くなっているのではないだろうか。

時代は変わったが、わたしは政治家を見るとき、こんな見方をしている。それは「闘う政治家」と「闘わない政治家」である。

「闘う政治家」とは、ここ一番、国家のため、国民のためとあれば、批判を恐れず行動する政治家のことである。「闘わない政治家」とは、「あなたのいうことは正しい」と同調はするものの、けっして批判の矢面に立とうとしない政治家だ。

　わたしが拉致問題について声をあげたとき、「右翼反動」というレッテルが貼られるのを恐れてか、運動に参加したのは、ほんの僅かな議員たちだけであった。事実、その後、わたしたちはマスコミの中傷の渦のなかに身をおかざるをえなかった。「応援しているよ」という議員はたくさんいたが、いっしょに行動する議員は少なかった。「闘う政治家」の数が少ないのは、残念ながら、いつの時代も同じだ。

　一九三九年、ヒトラーとの宥和を進めるチェンバレン首相に対し、野党を代表して質問に立ったアーサー・グリーンウッド議員は、首相の答弁にたじろぐことがあった。このとき、与党の保守党席から「アーサー、スピーク・フォー・イングランド（英国のために語れ）」と声が飛んだ。グリーンウッドは、その声に勇気づけられて、対独開戦を政府に迫る歴史的な名演説を行ったという。

　初当選して以来、わたしは、つねに「闘う政治家」でありたいと願っている。それは闇《やみ》雲《くも》に闘うことではない。「スピーク・フォー・ジャパン」という国民の声に耳を澄ますことなのである。

新しい国へ

美しい国へ　完全版◎目次

第七章　教育の再生

本書は二〇〇六年七月刊の『美しい国へ』に、月刊「文藝春秋」二〇一三年一月号掲載の論文に一部加筆をほどこしたものを増補し、再編集したものです。

第一章　わたしの原点

「リベラル」とはどんな意味か

日本では、思想的立場をあらわすとき、よく「リベラル」（自由主義的）という言葉が使われる。ちょっと聞くと、なんとなく軽やかで、進歩的なイメージをもつが、考えてみると、これほど意味が理解されずに使われている言葉もない。

たとえば、かつて自民党に対抗しようとする人たちが、よく口にした「民主リベラル」だが、英語に直訳すれば、Democratic Liberal である。自由民主党の「自由民主」も訳せば、Liberal Democratic である。語順が変わっただけで、いったい、どこが、どう違うのだろうか。

もともと「リベラル」という言葉は、ヨーロッパとアメリカでは、受けとり方が大きく違う。

ヨーロッパでは、王権に対して、市民が血を流しながら自由の権利を獲得し、民主主義の制度をつくりあげてきた歴史をもつことから、同じ「リベラル」でも、他者の介入を許さないという「個人主義」にちかい意味合いで使われる。これに対して、アメリカにおける「リベラル」は、社会的平等や公正の実現には政府が積極的に介入すべきであると考える、いわゆる「大きな政府」を支持する立場だ。

アメリカには、封建制度の歴史がない。生まれながらにして平等な社会が原則であり、その制度や権力は、新大陸に渡ったピューリタンたち個々人の合意のうえでつくられた。だから自由主義と民主主義が対立することなく共存できた。

ところが、建国から百五十年余り後、一九二九年に始まった世界大恐慌は、アメリカに千三百万人の失業者を生み出すことになった。このときF・D・ルーズベルト大統領のとったのが、ニューディールと呼ばれる、政府が経済に積極的に介入する政策である。それは社会主義的な性格をもつ政策だったために、結果として大きな政府へと向かうことになった。

このときニューディール政策を唱えた人たちが自らを「リベラル」と呼び始めたことから、社会主義、あるいは、それにちかい考えをもつ人のことをリベラリストと呼ぶようになった。革命主義や左翼もこの範疇《はんちゅう》にはいる。いうなれば「リベラル」とは、ヨーロッパとアメリカでは、むしろ対立する概念だったのである。日本でしばしば用語の混乱がみられるのは、このことがよく理解されていないためだ。

「保守主義」の言葉のもつ語感

では、お前はどういう考えの持ち主なのか、と問われれば、わたしはこうしたアメリカでいわれる「リベラル」ではない。「保守主義」、さらにいえば「開かれた保守主義」がわたしの立場である。

高校にはいったばかりのころだった。たまたま政治家の家系に生まれたというだけで、つとめて政治を勉強したわけでもないわたしは、イギリスに「保守党」という名の政党があると聞いて、仰天したおぼえがある。

なにせ「日帝（日本帝国主義）・米帝（アメリカ帝国主義）打倒」のスローガンがいたるところで猛威をふるっていた時代だ。「お前は保守的だ」といえば、それは体制派のことであり、「どうしようもない奴」だとか「単純だ」というのと、ほぼ同じような意味に使われていたからだ。ところがその悪の代名詞みたいな名を自ら名乗る政党が、議会政治の本場のイギリスにあって、それも三百年の歴史をもつ一大勢力だというではないか。

小さなころから、祖父が「保守反動の権化」だとか「政界の黒幕」とか呼ばれていたのを知っていたし、「お前のじいさんは、A級戦犯の容疑者じゃないか」といわれることもあったので、その反発から、「保守」という言葉に、逆に親近感をおぼえたのかもしれない。

わたしは、一九五四年（昭和二十九年）生まれである。団塊と新人類にはさまれた、どちらかというと影の薄い世代で、後年「シラケ世代」などと呼ばれることもあった。しかし、父も祖父も政治家という家庭に育ったから、年を経るにつれ、同世代の他の人たちよりは、どちらかというと国とか国家というものを意識するようになっていた。

うさんくさい気がした「安保反対」の理由

わたしが高校生になった一九七〇年は、ベトナム戦争を背景に、学生運動が高揚期を迎えていたときだ。その前年には、東大安田講堂に立てこもった全共闘と、これを排除しようとする機動隊とのあいだで、はげしい攻防がくりかえされていた。日米安保条約の自動延長をめぐる政治イシューも、革新勢力と保守勢力が真っ向から激突する大きなテーマであった。

このとき、社会党、共産党の野党、そして多くのマスコミは、日米安保条約の破棄を主張していた。「日米安保の延長は自衛隊の海外派兵を可能にする。すでに日本はアメリカのベトナム侵略の前線基地になっており、日本帝国主義はアメリカと結託して、ふたたびアジア侵略をはじめようとしている」というわけだ。進歩的文化人と呼ばれる学者や評論家の多くも、同じような理由で反対していた。

日米安保を堅持しようとする保守の自民党が悪玉で、安保破棄を主張する革新勢力が善玉という図式だ。マスコミも意図的に、そう演出していた。打倒する相手は、自民党の政治家だったわたしの父や祖父である。とりわけ祖父は、国論を二分した一九六〇年の安保騒動のときの首相であり、安保を改定した張本人だったから、かれらにとっては、悪玉どころか極悪人である。

高校の授業のときだった。担当の先生は、七〇年を機に安保条約を破棄すべきであるという立場にたって話をした。クラスの雰囲気も似たようなものだった。名指しこそしないが、批判の矛先はどうもこちらに向いているようだった。

わたしは、安保について詳しくは知らなかったが、この場で反論できるのは、わたししかいない。いや、むしろ反論すべきではないか、と思って、こう質問した。

「新条約には経済条項もあります。そこには日米間の経済協力がうたわれていますが、どう思いますか」

すると、先生の顔色がサッと変わった。《岸信介の孫だから、安保の条文をきっと読んでいるに違いない。へたなことはいえないいな》——そう思ったのか、不愉快な顔をして、話題をほかに変えてしまった。

本当をいうと、そのときわたしは、条文がどんなことになっているのか、ほとんど知らなかった。でも、祖父からは、安保条約には、日本とアメリカの間で経済協力を促進させるという条項があって、これは日本の発展にとって大きな意味がある、と聞かされていたので、そっちのほうはどうなんだ、と突っかかってみたまでだった。

中身も吟味せずに、何かというと、革新とか反権力を叫ぶ人たちを、どこかうさんくさいなあ、と感じていたから、この先生のうろたえぶりは、わたしにとって決定的だった。

安保条約をすべて読みこんでみて、日本の将来にとって、死活的な条約だ、と確信をもつことになるのは、大学にはいってからである。

デモ隊に囲まれた祖父の家

安保条約が自然成立する前の日の一九六〇年六月十八日、国会と官邸は、いく重にもつらなった三十三万人におよぶデモ隊に囲まれた。

官邸に閉じ込められた祖父は、大叔父（佐藤栄作・当時大蔵大臣）とふたりでワインを飲みながら「わたしは、けっして間違ってはいない。殺されるなら本望だ」と、死を意識したというが、調印の後の改定作業にはいってからも、社会党をはじめとする反対勢力は、国会内外で反対闘争を激化させていた。

当時は、わたしはまだ六歳、小学校に入る前である。わたしには、二歳ちがいの兄がいるが、二人とも祖父にはとても可愛がられていた。祖父の家は、東京・渋谷の南平台にあって、わたしたちはしょっちゅう遊びにいっていた。

しかしそこも、しばしばデモ隊に取り囲まれることがあった。「アンポ、ハンターイ！」のシュプレヒコールが繰り返され、石やねじって火をつけた新聞紙が投げ込まれた。当時衆議院議員だった父もそこに詰めていたが、外に出ることができない祖父は、退屈すると、わたしたちを呼びよせた。

母とわたしたち二人は、社旗を立てた新聞社の車にそうっと乗せてもらって、祖父の家にいった。

子どもだったわたしたちには、遠くからのデモ隊の声が、どこか祭りの囃子《はやし》のように聞こえたものだ。祖父や父を前に、ふざけて「アンポ、ハンタイ、アンポ、ハンタイ」と足踏みすると、父や母は「アンポ、サンセイ、といいなさい」と、冗談まじりにたしなめた。

祖父は、それをニコニコしながら、愉快そうに見ているだけだった。

わたしは、祖父に「アンポって、なあに」と聞いた。すると祖父が、

「安保条約というのは、日本をアメリカに守ってもらうための条約だ。なんでみんな反対するのかわからないよ」

そう答えたのをかすかに覚えている。

隷属的な条約を対等なものに変えた

後年になって知ることになるが、一九五一年、サンフランシスコ講和条約といっしょに結ばれた日米安全保障条約には、アメリカが日本を守るというはっきりした防衛義務を定めた条項がなかった。事前協議の約束もない。このとき、アメリカとしては、日本に自由に基地がつくれることになっていたのだ。

そればかりか、日本に内乱が起きたときは、米軍が出動できることになっていたり、アメリカ人が日本国内で犯罪をおかしても、日本には裁判権がないなど、独立国とは名ばかりの、いかにも隷属的な条約を結んでいたのだった。おまけに、条約の期限は、無期限になっていた。

祖父はこのとき、この片務的な条約を対等にちかい条約にして、まず独立国家の要件を満たそうとしていたのである。いまから思えば、日米関係を強化しながら、日本の自立を実現するという、政治家として当時考えうる、きわめて現実的な対応であった。

祖父は、幼いころからわたしの目には、国の将来をどうすべきか、そればかり考えていた真摯《しんし》な政治家としか映っていない。それどころか、世間のごうごうたる非難を向こうに回して、その泰然とした態度には、身内ながら誇らしく思うようになっていった。

間違っているのは、安保反対を叫ぶかれらのほうではないか。長じるにしたがって、わたしは、そう思うようになった。

その時代に生きた国民の目で歴史を見直す

大学にはいっても、革新＝善玉、保守＝悪玉という世の中の雰囲気は、それほど変わらなかった。あいかわらず、マスコミも、学界も論壇も、進歩的文化人に占められていた。

ただこのころには、保守系の雑誌も出はじめ、新聞には福田恆存氏、江藤淳氏ら保守系言論人が執筆するコーナーができたりして、すこしは変化してきたのかな、と感じさせるようになっていた。

かれらの主張には、当時のメインストリームだった考え方や歴史観とは別の見方が提示されていて、わたしには刺激的であり、新鮮だった。とりわけ現代史においてそれがいえた。

歴史を単純に善悪の二元論でかたづけることができるのか。当時のわたしにとって、それは素朴な疑問だった。

たとえば世論と指導者との関係について先の大戦を例に考えてみると、あれは軍部の独走であったとのひと言でかたづけられることが多い。しかし、はたしてそうだろうか。たしかに軍部の独走は事実であり、もっとも大きな責任は時の指導者にある。だが、昭和十七、八年の新聞には「断固、戦うべし」という活字が躍っている。列強がアフリカ、アジアの植民地を既得権化するなか、マスコミを含め民意の多くは軍部を支持していたのではないか。

百年前の日露戦争のときも同じことがいえる。窮乏生活に耐えて戦争に勝ったとき、国民は、ロシアから多額の賠償金の支払いと領土の割譲があるものと信じていたが、ポーツマスの講和会議では一銭の賠償金もとれなかった。このときの日本は、もう破綻寸前で、戦争を継続するのはもはや不可能だった。いや実際のところ、賠償金をとるまでねばり強く交渉する力さえすでになかったのだ。

だが、不満を募らせた国民は、交渉に当たった外務大臣・小村寿太郎の「弱腰」がそうさせたのだと思いこんで、各地で「講和反対」を叫んで暴徒化した。小村邸も暴徒たちの襲撃にあった。

こうした国民の反応を、いかにも愚かだと切って捨てていいものだろうか。民衆の側からすれば、当時、国の実態を知らされていなかったのだから、憤慨して当然であった。他方、国としても、そうした世論を利用したという側面がなかったとはいえない。民衆の強硬な意見を背景にして有利に交渉をすすめようとするのは、外交ではよくつかわれる手法だからだ。歴史というのは、善悪で割り切れるような、そう単純なものではないのである。

この国に生まれ育ったのだから、わたしは、この国に自信をもって生きていきたい。そのためには、先輩たちが真剣に生きてきた時代に思いを馳せる必要があるのではないか。その時代に生きた国民の視点で、虚心に歴史を見つめ直してみる。それが自然であり、もっとも大切なことではないか。学生時代、徐々にそう考えはじめていた。

だからといってわたしは、ことさら大声で「保守主義」を叫ぶつもりはない。わたしにとって保守というのは、イデオロギーではなく、日本および日本人について考える姿勢のことだと思うからだ。

現在と未来にたいしてはもちろん、過去に生きたひとたちに対しても責任をもつ。いいかえれば、百年、千年という、日本の長い歴史のなかで育まれ、紡がれてきた伝統がなぜ守られてきたのかについて、プルーデントな認識をつねにもち続けること、それこそが保守の精神ではないか、と思っている。

自民党はなんのためにできたか

では、わたしの所属するいまの自民党は、そうした保守主義の理念のもち主ばかりが集まっている政党かといえば、そうではない。社会民主主義に近い考えの人も混在する間口の広い国民政党だといってよい。なぜなら、自民党は、その成立過程からして、共産主義を否定する人ならだれでも受け入れた政党だったからだ。

いまから五十年ほど前の一九五五年、サンフランシスコ講和条約の発効後、抗争を繰り返していた吉田茂率いる自由党と、鳩山一郎を党首に仰ぐ日本民主党のふたつの保守政党が、恩讐を乗りこえて合併をはたし、自由民主党が誕生した。

当時、革新政党である社会党の伸張に危機感をつのらせていたことも背景にはあったが、合併するにあたっては、それとは別に、大きなふたつの理由があった。

ひとつは、保守勢力が力を合わせて、戦争で疲弊した経済力を回復させようと考えたことだ。敗戦を迎えてからまだ十年たらず、日本人は、きわめてきびしい生活を強いられていた。とりわけ焼け野原となった都市部では、食糧も住宅も衣類も不足し、戦災孤児たちを救おうにも、大人たちが生き延びるのがやっとであった。

一九五〇年に起きた朝鮮戦争の特需によって、ようやく復興への糸口をつかんだものの、それほど庶民の生活は向上しなかった。自民党が誕生する前年の一九五四年（昭和二十九年）の東京には、五十万人の失業者があふれていた。ちなみにこの年の『住宅白書』には、「都市住民一人当たりの住宅の広さは三・二畳」と記されている。

日本が独立を取り戻すための目標

ふたつの保守党が合併したもうひとつの理由は、日本が本当の意味での独立を取り戻すことにあった。五一年のサンフランシスコ講和条約の締結によって、形式的には主権を回復したが、戦後日本の枠組みは、憲法はもちろん、教育方針の根幹である教育基本法まで、占領時代につくられたものだった。憲法草案の起草にあたった人たちが理想主義的な情熱を抱いていたのは事実だが、連合軍の最初の意図は、日本が二度と列強として台頭することのないよう、その手足を縛ることにあった。

国の骨格は、日本国民自らの手で、白地からつくりださなければならない。そうしてこそはじめて、真の独立が回復できる。それまで不倶戴天の敵同士だった自由党総務会長の大野伴睦《おおのばんぼく》と日本民主党総務会長の三木武吉《みきぶきち》が、固く手を握りあったのが、この点であった。

自民党結党の精神のひとつに「自主憲法の制定」が謳《うた》われているが、その目的を達成するための発議には、議員総数の三分の二以上の賛成が必要だったことも合併の理由である。まさに憲法の改正こそが、「独立の回復」の象徴であり、具体的な手だてだったのである。

それから五十年、自民党は政権政党として、第一の目標は、高度成長によって、みごとに達成したといっていい。しかし、第二の目標は、後回しにされてしまった。順番としてはやむをえなかったのだろうが、その結果、弊害もあらわれることになった。損得が価値判断の重要な基準となり、損得を超える価値、たとえば家族の絆や、生まれ育った地域への愛着、国に対する想いが、軽視されるようになってしまったのである。

「ジャパン・アズ・ナンバーワン」の時代

父、そして祖父も政治家だったので、わたしも子供のころは素朴に父のようになりたいと思っていた。そして大学時代には父の選挙を本格的に手伝うようになり、政治の道の厳しさも知ることができた。

大学卒業後は、米国への留学を経て神戸製鋼所に入社することになった。入社後はニューヨーク事務所での研修を命じられた。このときも、仕事をつうじて先輩からさまざまなことを学んだ。たとえば、《アメリカ人と交渉するときは、傲慢《ごうまん》になってはいけないが、けっして卑屈になってはいけない。相手が年上であっても、位が上であっても、同じ立場だと思って、対等につきあうべし》——。

当時から気づいていたが、たしかに人種のるつぼであるアメリカでは、自分が埋没しないように、遠慮したり、物おじせずに、意見をはっきりと口にする。だが、本音と建前を使い分けるのを見ることもよくあった。公民権について議論をするときはリベラルな主張をしていたひとが、雑談になると、それまでとは違って本音と思えるような言葉を口にするのだ。しかしアメリカ人の印象は、総じて、オープンであり、フェアだった。

ニューヨーク勤務を終えたあと、わたしを待っていたのは、兵庫県加古川の工場勤務だった。デスクワークが中心だが、溶鉱炉が稼働する現場にも当然足を運ばなければならない。当時神戸製鋼所ではＱＣ（品質管理）運動が展開されていて、いかに品質と効率をあげるかが課題になっていた。

わたしはニューヨークに赴任していたとき、ある米大手鉄鋼メーカーの製造現場を見学したことがあるが、その雑然とした汚さにびっくりしたことがある。どこの部品かわからないが、あちこちに落ちている。しかし作業員たちは、いっこうに気にする気配はない。日本だったら、大ごとだ。たとえ小さな部品ひとつでも血眼になって原因を探すだろう。それが落ちているということは、どこかの機械なり、製品の部品が欠けていることになるからだ。

このころの日本の成長ぶりは、まさに日本人の仕事にたいする熱意の成果だった。日本的経営が脚光を浴び、『ジャパン・アズ・ナンバーワン』がベストセラーになったときである。

サラリーマンから大臣秘書官に

わたしが職業として政治にかかわることになるのは、一九八二年、父の晋太郎が、中曾根内閣の外務大臣に任命されたときである。当時わたしは東京・八重洲の本社にある輸出部に転勤していた。父は、出社前のわたしをつかまえて、

「オレの秘書官になれ」

「いつからですか」

「あしたからだ」

自分では、この充実したサラリーマン生活をもうしばらく続けたいと思っていたから、寝耳に水だった。

「わたしにも会社があります。これでも年間数十億ぐらいの仕事はしているんです」

父は続けた。

「オレが秘書官になったときは、一日で新聞社をやめた」

急な話だったが、もともと考えてはいたことだし、これも運命だと思って決断した。でも会社に迷惑はかけたくない。外務省に通いはじめてからも、仕事が終わった後や、あいた時間をみつけては、本社に行って、引き継ぎとかたづけを済ませた。二十八歳だった。

父は、世間的には温厚でおだやかという印象でとおっていたが、仕事にはたいへん厳しく、けっして手を抜くことはなかった。朝早くから国会にでかけ、夜は会合で遅くなる。

休・祝日は、地元の山口県にもどるか、講演や遊説で全国を飛びまわっていた。

だから、秘書になるまで、親子の会話は、かぞえるほどしかなかった。父とわたしは、わたしが秘書になることによってはじめて、政治家と秘書、そして親子としての濃密な時間をもつことになったのである。

政治家同士の関係が築く同盟国の信頼

中曾根康弘元首相は、自らの在任中、四期三年八カ月にわたって、父の晋太郎を外務大臣に起用した。外遊回数は三十九回。わたしは秘書官として、うち二十回ほど同行した。

「創造的外交」――それが父のテーマであった。レーガン大統領と中曾根首相の「ロン・ヤス」関係はとても有名になったが、父も、シュルツ国務長官とのあいだに深い信頼関係を築いていた。この時期、日米関係がきわめて友好的だったのは、こうしたそれぞれの信頼関係が影響している。

一九八〇年に勃発したイラン・イラク戦争は、泥沼化の様相を呈していた。

中曾根首相は八五年、イラン国会の議長とイラクの外相を、おのおの日本に招いて、停戦を呼びかけた。戦争中の二つの国の要人を官邸に呼び、戦争の中止を呼びかけるというのは、外交上きわめて異例のことである。

このとき日本は、両国にＯＤＡ（政府開発援助）を供与していた。両国に強いパイプを持っていたのは、西側陣営では、日本だけといってよかった。また、石油資源の約七〇パーセントを中東地域に依存している日本としては、戦争の終結は国益にかなうことだった。

じつは、これよりさかのぼる二年前の八三年、父は、依然として戦争のつづくイランとイラクをほぼ同時期に訪問していた。中曾根首相の会談は、このときの訪問が土台になっている。

当時アメリカはイラクを支援していて、イラン革命によって成立した政権とは敵対していた。当然アメリカは、父のイラン訪問をこころよく思うはずがない。だがアメリカはイラン訪問を了承した。シュルツ国務長官の力が大きかった。わたしも同行したが、このとき、同盟国との信頼関係を強化するうえで、政治家個人の信頼関係がはたす役割のきわめて大きいことを実感した。

ゴルバチョフ会談に随行する

「創造的外交」の大きな成果の一つに、旧ソ連共産党と自民党との政党の交流がある。

当時ソ連のシェワルナゼ外相と合意したものだが、ペレストロイカ改革を推進しているゴルバチョフ書記長との会談をきっかけにして、日ソ交流を促進させ、最終的には、日ソ平和条約の締結と北方領土の返還をめざそう、という壮大な計画である。ペレストロイカへの支持と援助がほしいソ連の、次のトップリーダーは安倍晋太郎だと見こしてのアプローチであった。

一九九〇年一月、自民党訪ソ団の団長安倍晋太郎とゴルバチョフの会談はモスクワのクレムリンでおこなわれた。わたしも同席した。

「日本国民は、あなたの訪日を待っている。来年、桜が咲く四月頃が一番美しいが、どうか」

「それに、なんら支障が起きないことを期待している」

会ってすぐの訪日の誘いに、書記長は了承した。いつもそうだが、父は、あいまいないいかたはしない。ずばり要求をだした。

「日ソ両国は、両国間の困難な問題を克服する時期にきている。ゴルバチョフさんが書記長の時代に、ぜひ叡智をもって解決してほしい」

安倍晋太郎のこの呼びかけは、書記長から、日本の領土返還の主張は「固有の権利である」とする回答を引き出すことになった。領土問題を解決する方向で考えよう、ということである。講和条約をたてに、返還をかたくなに拒否していたかつてとくらべると、大きな進展だった。

命を削った最後の外交

このとき父は、七十二キロあった体重が五十七キロに激減していた。父には内緒だったが、じつはすい臓がんにおかされていたのである。

翌年、ゴルバチョフ書記長は、約束どおり、こんどは大統領として来日することになった。しかし、すでに病床にあった父の体力は、もう限界に近づいていた。日ソ関係の新しい道を切り開いた当の本人が会えないなんて――森喜朗衆議院運営委員会委員長（当時）をはじめ、自民党の有力者たちが、知恵をしぼってくれた。衆院議長公邸で昼食会を開き、その間を利用して、なんとか父を大統領に会わせようというのだ。

父は痩せ細ったからだをふくよかに見せるため、スーツの下に下着を二枚重ね、そのあいだに詰めものをして病院をでた。父の友人、芦田伸介氏の、老境を迎えた舞台俳優としての助言だった。

父にとって最後の晴れ舞台であった。

会見の場は、公邸の入り口ちかくに設営されていた。父をあまり歩かせないようにとの配慮だった。

会見場に入り、父が大統領と握手をかわすと、大統領が話しかけてきた。

「わたしは、約束をはたしました。桜がそろそろ咲きますよ」

たった五分間ほどの会見だったが、父はわたしに晴れやかな顔を見せた。まさに命を削った外交の最後の姿だった。

父が逝ったのは、それから一カ月後のことである。

《政治家は、自らの目標を達成させるためには淡泊であってはならない》――父から学んだ大切な教訓である。

自民党下野、そして政権復帰

父、晋太郎のあとをついで、わたしが代議士になったのは、一九九三年、三十八歳のときである。

だが残念なことに、このとき政治改革をめぐって自民党は分裂。衆議院選挙で自民党は過半数を割りこんでしまった。迎えた首班指名選挙では、「非自民」をスローガンに、七党一会派が擁立した細川護熙氏に敗れてしまった。一九五五年に二つの保守政党が合併をはたして以来、三十八年間政権を担ってきた自民党は、ついにその座を降りることになったのである。

しかし、具体的な政策や歴史の異なる政党が集まってつくった連立政権は、長くは続かなかった。国民福祉税構想をめぐって連立内の対立が深刻化し、細川首相が辞任、ついで羽田政権が成立するものの、連立与党と社会党との政権協議が決裂、内閣は総辞職するにいたった。非自民政権は、十カ月の命であった。

自民党の政権への復帰は、意外に早かった。だがそれは、安全保障政策では基本的に考えの違う社会党と連立を組むという、オーソドックスではない政権奪取の方法であった。

じつは、かくいうわたしも、首班指名のとき、社会党の村山富市氏に一票をいれたひとりである。野党の自民党が、早期に政権復帰するには、それしか道がなかったのだ。

しかし、世論の支持が五、六パーセントしかない政党の党首を総理大臣に擁立したことは、さすがに党内の不満を増幅させた。とりわけ自民党の思想に賛同して代議士になった、どちらかというと保守本流に属す人たちからの反発は大きかった。

千万人といえども吾ゆかん

自民党内にはっきりとした潮目ができたのは、政権に復帰して数ヵ月後のことである。結党以来はじめて自民党の理念や綱領を見直す「党基本問題調査会」が開かれた。憲法をこのままにしておくのか、それとも改正する方向に踏み出すのか、議論の最大の焦点は、党是である「自主憲法の制定」をどうするかであった。

だが二ヵ月の議論を経てとりまとめられた「自由民主党新宣言」の案には、自主憲法制定の文字はなかった。改憲色をできるだけ抑えたかったのだ。わたしはとうてい納得できなかった。なぜなら、それこそが自由民主党の存在意義のひとつといってよかったからだ。

まだ一年生議員だったが、中川昭一議員を中心に、同じ意見をもつ仲間たちと大反対した。再度の議論がおこなわれ、修正が施されたものの、なんとかわたしたちの意見は反映されることになった。こうして新宣言にとりいれられたのが、《二十一世紀に向けた新しい時代にふさわしい憲法のあり方について、国民と共に議論を進めていきます》という文言である。

下野していた一年間、学んだことは多かった。新生自民党のスタートは、わたしにとっても、精神のリセットを意味した。その第一が、自民党は、もはや政権の地位にあること自体を目的にした政党ではない、という認識をあらたにすることだった。

わたしが政治家を志したのは、ほかでもない、わたしがこうありたいと願う国をつくるためにこの道を選んだのだ。政治家は実現したいと思う政策と実行力がすべてである。確たる信念に裏打ちされているなら、批判はもとより覚悟のうえだ。

「自ら反《かえり》みて縮《なお》くんば千万人といえども吾《われ》ゆかん」――わたしの郷土である長州が生んだ俊才、吉田松陰先生が好んで使った孟子の言葉である。自分なりに熟慮した結果、自分が間違っていないという信念を抱いたら、断固として前進すべし、という意味である。

もうひとつが、原点に返り、わたしの目的を再確認することであった。

たじろがず、批判を覚悟で臨む

古今東西の政治家のなかで、わたしがもっとも決断力に富んでいたと思うのは、英国の首相チャーチルである。

従軍記者としてボーア戦争を取材中に捕虜になるが脱走に成功し、その名声を背景に下院議員となる。その後の政治家人生は決して順風満帆ではなかった。

政策的な対立から、保守党と自由党を行ったりきたりし、第一次大戦時には、作戦失敗の責任を問われて、海軍大臣を罷免された。三度つづけて下院議員に落選したこともある。しかし、かれには先見の明があった。軍備の強化こそがナチスを抑えられると早くから訴えていた。はじめ、その主張は無視されていたが、やがてチェンバレン内閣のヒトラーに対する「宥和政策」が、結果的にナチスドイツの侵略を招いたことがイギリス国民に理解されると、首相に選ばれる。

のちに「一人の人間の精神の働きがこれほどまでに世界史の働きと一致したことはかつてなかった」と自ら語ったように、自分の判断の正しさに対する確信があった。結果、「どんな犠牲を払ってでも勝利する」と宣言して、連合国を勝利に導いた。

チャーチルは若い頃から、すぐれた伝統と文化をもつ大英帝国の力を維持するには、国民生活の安定が不可欠だと考え、社会保障の充実を唱えてきた。安全保障と社会保障――じつはこれこそが政治家としてのわたしのテーマなのである。

確たる信念をもち、たじろがず、批判を覚悟で臨む――あらたな決意だった。

第二章　自立する国家

わたしが拉致問題を知ったとき

北朝鮮による拉致問題とわたしが出会ったのは、一九八八年の秋である。有本恵子さんのご両親が、わたしの父、安倍晋太郎の事務所を訪ねてこられたのが発端だった。当時、わたしは父の秘書をつとめていた。

有本恵子さんは八三年に留学先のロンドンで行方不明になった。二十三歳のときのことだった。八八年になって、恵子さんが平壌で暮らしていることがわかった。恵子さんと一緒に暮らしている拉致被害者が平壌で会ったポーランド人に託した手紙が、北海道の実家に届き、そのコピーが有本家に送られたのだ。

はじめて北朝鮮による拉致を知った有本さん夫妻は、当初、北朝鮮にパイプのある社会党に助けを求めようと、土井たか子さんの事務所へ行った。秘書が応対に出たが、「お気の毒ですねえ」といわれただけだったという。その後、有本さん夫妻は父の事務所を訪ねてこられた。事務所の飯塚洋秘書が対応し、警察庁と外務省にお連れしたが、やはりはかばかしい結果は得られなかった。

それから五年、有本さんは父の事務所にたびたびこられるものの、事態はいっこうに進展しなかった。国家が他国の国民を拉致することなどありうるのか、最初わたしは半信半疑だったが、調べていくうちに、北朝鮮の犯罪と信じざるをえなくなった。国家の主権をおかす犯罪が公然とおこなわれていたのに、わたしたちはそれを放置していたのだ。

父が亡くなり、わたしは九三年の総選挙で初当選をはたした。衆議院議員として、拉致問題の解決に向けてできるだけのことをしようと決意した。しかし、自民党の中でも拉致に関心のある議員は少なく、わたしの思いは空回りするばかりだった。

九四年から九六年までは、自社さ連立の村山政権時代だった。当時の雰囲気は対北朝鮮外交はコメ支援をどうするかが主題で、拉致被害者の救出をいいたてる議員は、自民党のなかでも少数派だった。

九七年に「北朝鮮による拉致被害者家族連絡会」（家族会）が発足した直後、わたしたち国会議員は、仲間をつのって「北朝鮮拉致疑惑日本人救援議員連盟」（旧拉致議連）を立ち上げた。拉致問題にようやく光があたりはじめたのは、その頃からだった。

被害者の家族は長い間、孤独な戦いをしいられてきた。日本で声をあげれば、拉致された本人の命が保証されないと脅され、個別にツテをたどって情報を集めるしかなかったのだ。外務省は一貫して、「外交努力はしているのだから、静かにしてほしい」という態度だった。国に見捨てられたかれらが、悲痛な思いで立ち上がっているのだ。わたしたち政治家は、それにこたえる義務がある。

わたしを拉致問題の解決にかりたてたのは、なによりも日本の主権が侵害され、日本国民の人生が奪われたという事実の重大さであった。

工作員がわが国に侵入し、わが国の国民をさらい、かれらの対南工作に使ったのである。わが国の安全保障にかかわる重大問題だ。

にもかかわらず、外務省の一部の人たちは、拉致問題を日朝国交正常化の障害としかとらえていなかった。相手のつくった土俵の上で、相手に気に入られる相撲をとってみせる——従来から変わらぬ外交手法、とりわけ対中、対北朝鮮外交の常道だった。つねに相手のペースをくずさないように協力して相撲をとれば、それなりの見返りがある。それを成果とするのが戦後の外交であった。

相手のつくった土俵で戦えば勝てない

小泉首相と金正日国防委員会委員長によるはじめての日朝首脳会談から一カ月たった二〇〇二年十月十五日、蓮池薫さんら五人の拉致被害者が、全日空機のタラップから降り立った。二十四年ぶりに踏む祖国の土であった。

当時わたしたちが主張していたのは、あくまでも五人の恒久的な帰国だった。これに対して北朝鮮側は、当初、五人に帰国の意志はなく、かれらの家族を日本から北朝鮮に呼び寄せたいという案を提示していた。

しかし、そうして五人に家族を会わせても、向こうの監視のもとでは、彼らが自分たちの本当の気持ちなどいえるわけがない。家族会も、賢明にも訪朝を拒否していた。

それでも北朝鮮側は、「五人は帰国を望んでいない。かれらが望んでいるのは、かれらの家族の訪朝である」といい張った。しかしわたしたちの粘り強い交渉の後、北朝鮮側は「二週間ぐらいなら帰国してもよい、と本人たちがいっている」というようにしだいに変化し、ようやく帰国が実現することになったのである。

帰国後は、家族による必死の説得が行われた。その結果、五人は「北朝鮮には戻らず、日本で子どもたちの帰国を待つ」という意志を固め、中山恭子内閣官房参与とわたしに、その旨を伝えてきた。

わたしは、「かれらの意志を表に出すべきではない。国家の意志として、五人は戻さない、と表明すべきである。自由な意志決定ができる環境をつくるのは、政府の責任である」と考えていた。

マスコミや政界では、五人をいったん北朝鮮に帰すべきという意見が主流であった。しかし、ここでかれらを北朝鮮に戻してしまえば、将来ふたたび帰国できるという保証はなかった。

十月二十三、二十四日の二日間にわたって、官邸のわたしの部屋で協議をおこなった。さまざまな議論があった。

「本人の意志として発表すべきだ」、あるいは「本人の意志を飛び越えて国家の意志で帰さないといえば、本人の意志を無視するのはおかしい、とマスコミに批判されるだろう。家族が離ればなれになれば、責任問題にもなる」という強い反対もあった。

しかしわたしたちは、彼らは子どもたちを北朝鮮に残しているのだから、彼らの決意を外に出すべきでない、と考えた。

何より被害者が北朝鮮という国と対峙《たいじ》しようとしているとき、彼らの祖国である日本の政府が、国家としての責任を回避することは許されない。

最終的にわたしの判断で、「国家の意志として五人を帰さない」という方針を決めた。ただちに小泉総理の了承を得て、それは政府の決定となった。

日朝平壌宣言にしたがって開かれる日朝国交正常化交渉の日程は、十月二十九日と決まっていた。政府が「五人を帰さない」という方針を北朝鮮に通告したのは、その五日前のことであった。

その日、ある新聞記者に「安倍さん、はじめて日本が外交の主導権を握りましたね」といわれたのを鮮明に覚えている。たしかにそのとおりだった。

とはいえ、二〇〇四年五月に蓮池さんと地村さんの五人の子どもたちが帰国し、七月に曾我ひとみさんの夫ジェンキンスさんとその子どもたちが帰国するまでの二年間は、最初から覚悟していたものの、被害者の皆さんにとってはもちろんのこと、わたしや中山参与にとっても、辛く長い日々だった。皆さんには、一年を超えることになるかもしれないと伝えてあった。

北朝鮮が、かれらの子どもたちが事故に遭ったとか、病気になったからすぐに帰ってきてくれ、というような口実をつくって、また揺さぶりをかけてくるおそれもないとはいえなかった。中山参与は、その可能性についても被害者の皆さんに説明し、皆さんも覚悟を示してくれた。その後の八人の帰還は、まさに子どもたちを思う親の愛の強さの勝利といってよい。

拉致被害者八人は生きている

二〇〇二年九月十七日、小泉首相とともに訪朝したわれわれに、北朝鮮側から、「横田めぐみさんを含む八人の被害者が死亡している」との通告がなされたときの衝撃は、いまでも忘れることができない。

わたしたちの努力は何だったのだろうか、拉致問題を解決させようと運動を展開したことが、あるいはこうした結果につながってしまったのではないか――忸怩《じくじ》たる思いも胸をよぎった。

午前の会議を終えたあと、わたしは小泉総理に申し上げた。

「金正日委員長が拉致にたいする国家的関与を認め、謝罪をしないのであれば、平壌宣言への署名を考え直さなければならないと思います」

総理は沈痛な面持ちで、深くうなずいた。

帰国後、わたしは被害者のご家族とお目にかかり、平壌でのやり取りをご報告したが、このとき、被害者のご家族から「八人の被害者が死亡しているという確証は得られたのですか」との質問があった。

たしかに、確証はなかった。しかし当時、政府内では、北朝鮮が公の会議の場で五人の生存者の名を発表し、他の八人は死亡したというのであれば、やはり死亡しているのではないか、という空気が支配していた。

しかしその後、調査団のもたらしたデータを検討するにつれ、死亡年月日の不自然さをはじめ、さまざまな疑問が生じてきた。八人の被害者が生きているという前提で交渉すべきではないか、と考えるにいたったのは、この頃である。

とくに横田めぐみさんの遺骨がニセモノだと判明して以後は、死亡したという証拠を出しなさい、という交渉のしかたは、むしろ生存している被害者に危害が及ぶ危険性があると考えるようになった。いま、わが国が「『八人の被害者の生存』を前提として交渉する」という交渉姿勢を貫いているのは、そうした前提があるからである。

「知と情」論で政府を攻撃したマスコミ

「五人を北朝鮮に戻さない」という政府の決定を、あのときマスコミは、かならずしも支持しなかった。「政府が家族を引き離した」と、こき下ろす新聞もあった。

当時、ある新聞がさかんに書き立てたのが、「知と情」という言葉である。「拉致被害者はかわいそうだから助けてあげたいが、それは情の問題だ。これに対して北朝鮮の核は安全保障上の重大事であって知の問題だ。ここは冷静になって知を優先すべきだ」というのである。

わたしは徹底的に反論した。

「拉致の責任を追及するのは、たんに情にかられてのことではない。大韓航空機爆破事件の犯人、金賢姫が田口八重子さんから日本人化教育を受けたことからもわかるように、拉致は北朝鮮の国際テロの一環として行われたものであって、それはまさしく安全保障上の問題なのである。それを三面記事的な情の問題におとしめるのは意図的な情報操作としか思えない」

マスコミは拉致問題の解明に消極的だった。社説で「拉致は犯罪である」と書きはするが、それは「いちおう拉致犯罪を批判した」というアリバイのようなものであった。ほんらい別個に考えるべき、かつての日本の朝鮮半島支配の歴史をもちだして、正面からの批判を避けようとするのである。自民党のなかにも、「知と情」論をふりかざす議員がいた。

企業の駐在員をはじめ、海外で活動している日本人はたくさんいる。犯罪者やテロリストにたいして、「日本人に手をかけると日本国家が黙っていない」という姿勢を国家が見せることが、海外における日本人の経済活動を守ることにつながるのである。

アメリカは、朝鮮戦争で五万人余りの戦死者を出したが、半世紀以上たった今日でも、当時の遺骨を最後の一柱まで収集するという姿勢を貫いている。また海外で自国の人権が侵害されたら、軍を展開することも辞さない。

一九七九年のイラン革命では、アメリカ大使館がホメイニ派の学生たちに占拠され、五十二人が人質になった。アメリカは特殊部隊を派遣して人質を救出しようとした。部隊に事故が発生して結果的に救出作戦は失敗したが、そのあと、イランに対する経済制裁や、米国内のイラン資産の凍結など、できるかぎりの制裁をおこなって、最後は人質を全員解放させている。

二〇〇六年七月五日、北朝鮮はあいついでミサイルを発射した。

じつはわれわれ政府は、かなり前からこの事態が起こりうることを想定していた。だからこそ、迅速な対応ができたと思う。

たとえば、シーファー駐日大使をはじめアメリカとは緊密に連携して、対応策や段取りを決めていた。シーファー大使が、当日早朝に官邸を訪れて、わたしと防衛庁長官、外務大臣と会談をもったのもその一環である。日米の情報交換と連携、そして日米同盟の強さを国内外、特に北朝鮮に示すためであった。

また、わたしのもとに対策チームを秘かにつくり、情報収集分析や対応策について協議をしていた。協議は官房長官室で重ねられ、検討項目は多岐にわたった。複数のミサイルが発射される可能性、着弾地点の想定、制裁を含む対応策とその効果だけでなく、国民への周知のしかた、安保会議や閣議のすすめ方、さらに北朝鮮国内の意図などについてである。拉致問題についても当然検討した。そしてミサイル発射前日の七月四日には検討項目をふまえて、九項目の制裁措置案もまとめてあったのだ。

今回のミサイル発射への一連の対応をつうじて、日米同盟がいかに重要で、かつ有効に機能しているか日本国民もよく理解できたのではないかと思う。

その結果、政府は当面の対応として万景峰号の入港禁止などの制裁措置をすぐさま決定し、そして、さらに厳しい経済制裁措置の検討に入った。

北朝鮮にたいする経済制裁の目的のひとつに、政権中枢の周辺や、党、軍に入る資金を止めるというのがある。政権を倒す決定打にはならないまでも、化学変化を起こす可能性が十分にあるからだ。

北朝鮮では、軍や党、特殊機関などが海産物のとれる海岸を管理し、一般の人たちが収穫したアサリ、ウニ、シジミなどを日本に輸出し、外貨を稼いでいるといわれている。稼いだ外貨は人民に回ることはなく、軍を潤すだけなのだ。

経済制裁をおこなうと、支配階級が困窮するより前に庶民が飢えてしまうという批判があるが、アサリの輸出が止まれば、軍や党の外貨稼ぎができなくなるから、むしろそのアサリが庶民の口に入る可能性が高くなる。

経済制裁と同時に、ＷＦＰ（国連世界食糧計画）を通じての人道的食糧支援をするという方法も考えられる。ただし、本当に庶民の口に入るかどうか、最後まで見届けるという条件をつけなければならないだろう。

アパルトヘイトを終息させた経済制裁

経済制裁は、ときに大きな効果をもたらすことがある。

南アフリカ共和国は、三十年にわたってアパルトヘイト政策をおこなってきた。アパルトヘイトとは、白人社会が有色人種を隔離する人種差別政策のことである。

一九八〇年代に入って、南アでは反アパルトヘイト運動が激化し、政府がこれを弾圧、八五年に国連が経済制裁を決議した。アメリカとちがって、日本やヨーロッパは当初、制裁には消極的だった。南アとの取引を失いたくない企業が多かったからだ。また、制裁がほんとうに役に立つのか、かえって弱者である黒人に打撃を与えてしまうのではないか、と疑問視する声もあった。しかし南アでは、その黒人活動家たち自らが、国際社会に積極的な制裁を求めていた。

八〇年代後半、各国がつぎつぎと制裁に踏み切ると、国際的に孤立した南アの白人政権は、黒人との融和を目指さざるをえなくなった。八九年、融和派のデ・クラーク大統領が就任し、のちに大統領となるマンデラ氏が釈放されると、南アのアパルトヘイトは終息にむけて大きな一歩を踏みだす。

国連が一連の経済制裁を解除したのが九三年、南アで初の黒人政権が誕生したのは、その翌年のことである。南アフリカにとっては、経済制裁による打撃はそれほど大きくはなかったが、国際的な関心を呼び起こす大きなきっかけになったのはまちがいない。

北朝鮮では国民を三つの階層に分けている。上位に位置するのが、金正日委員長に忠誠を誓う核心階層。つぎが、一般の労働者や商人、手工業者が属する中間の動揺階層で、日本からの帰国者はこの層に入る。そして、反動分子や、一部の日本からの帰国者、植民地時代の地主家族や官吏の子孫などが属する敵対階層である。この敵対階層は、金正日委員長からもっとも嫌われている地位の低い人たちで、成績がよくても高等教育は受けられず、朝鮮労働党員にはなれない。もちろん人民軍にも入れないので、農村や炭鉱などで重労働に従事するしかすべがなく、生活はひどく困窮している。したがって、最初に飢えるのはかれらで、脱北するのは、おおむねこの層の人たちである。

しかし、いまや生活の困窮は、中間階層である動揺階層にまでおよんでおり、制裁は効果を発揮しやすい状況になっている。そして先に述べたように、貿易、送金の停止や船の入港禁止は、権力の中枢に確実に打撃を与えることになる。

また、日本は怒っている、しかし北朝鮮が態度を変えるならいつでも制裁は解除する、というメッセージをきちんと発することによって、中国や韓国が北朝鮮にたいしてプレッシャーをかけざるをえなくなる、という効果を指摘する識者もいる。

「経済制裁効果なし」の根拠なし

二〇〇五年七月、北朝鮮が一年ぶりに六カ国協議に復帰するまで、慎重論者たちは、北朝鮮を協議の席上に引き出すためには経済制裁の議論はするべきでない、とさかんに主張した。

しかし、それはまったく逆だ。外交というのは、まずメッセージが先になければならない。交渉はその先の問題である。出すべきメッセージを出さなければ、そもそも交渉にならない。制裁するかもしれないと思わせることによって、困った相手は、はじめてテーブルにつくのである。最初から制裁の可能性を否定してしまったら、せっかくのカードは効力を失い、向こうのペースで交渉するしかなくなるのである。

「慎重派」が決まってもちだす理屈がある。経済制裁に踏み切った場合、相手の報復を受ける覚悟があるのか、また、相手がどう出てくるかについての綿密な計算があるのか、というものだ。

一見もっともらしく聞こえるが、覚悟が必要なのはこちらではなく、北朝鮮のほうなのである。あなたたちが誠意ある回答を示さなければ、日本は最終的には経済制裁をしますよ。生活が苦しくなるし、政権がゆらぐかもしれない。これを受けて立つ覚悟があなたたちにありますか――日本のほうがそう彼らに突きつけているのであって、けっしてその逆ではない。

二つ目の、綿密な計算があるのかどうか。これもわれわれよりは、北朝鮮のほうに突きつけるべき問いだろう。日本に経済制裁されたとき、あなたたちに成算はあるのか、と。日本は北朝鮮に経済制裁をおこなっても、エネルギーは困らないし、生活にも困らない。社会がひどい混乱におちいる危険性もゼロである。

だが過去におこなってきたように、かれらはまたミサイルの試射をおこなう可能性がある。しかしミサイル攻撃をする可能性は、きわめて少ない。なぜなら、日本をミサイル攻撃すれば、安保条約によってアメリカがただちに反撃するからである。湾岸戦争でイラクの要人を狙ったときがそうであったように、おそらくピンポイントで狙うだろう。

わたしは日朝交渉で金正日委員長にじかに接し、その交渉のしかたを観察したが、一部の評論家がいうような愚かな人間でもなければ、狂人でもない。合理的な判断のできる人物である。では、金正日委員長にとっての合理的な判断とは何か。それは自分の政治的な権力を保持することにほかならない。そうであるなら、海産物と自分の命を引きかえにするわけがないではないか。

いずれにせよ、この問題の解決にあたっては、「対話と圧力」の両輪で対処するというのが政府の基本方針である。その意味では、経済制裁は最終的な圧力となるが、もとより経済制裁自体が目的ではない。ほんとうの目的は彼らに、政策を変更しなければ、ただでさえ困難な現在の問題を解決することはできない、と認知させることにある。いま日本が国際社会に働きかけたり、また、日本に寄港する船にたいして厳格な法執行をおこなうなど、圧力を強めつつあるのは、そのためなのはいうまでもない。

はじめて「国家」と出会った幕末の日本

歴史を振り返ってみると、日本という国が大きな変化を遂げるのは、外国からの脅威があったときである。この百五十年ぐらいの間でいえば、一八五三年のペリーの来航にはじまる開国がそれだ。それまで各藩主がそれぞれの領地を治めていたのが、この時代から、ひとつの国家としての国防を考えなければならなくなったのである。

じつはこのときの日本の独立は非常に危うかった。当時の知識人の危機感の背景にあったのは、阿片戦争である。一八四二年の第一次、一八六〇年の第二次阿片戦争の敗戦によって、中国が賠償金支払いを課されたうえに香港を割譲させられていたからである。日本もそうなるのではないか、と恐れた人々のなかでも開明的な人々――佐久間象山をはじめ、吉田松陰、勝海舟、坂本龍馬らは、海防の大切さをいちはやく指摘した。

じっさい、日本が中国のように領土を割譲させられなかったのは運がよかったというしかない。一八五八年、日本は日米修好通商条約を締結したあと、イギリス、ロシア、オランダ、フランスと同様の条約を結ぶことになるが、これらはひどい内容であった。来日する外国人はすべて治外法権に等しい特権をもつのにたいして、日本には関税自主権もなかった。また各国にたいして最恵国待遇を与えるいっぽうで、日本は最恵国待遇を与えられない、というじつに不平等な条約であった。

明治の日本人は、この不平等条約を改正するのに大変な苦労をした。ようやく改正が叶ったのは、一八九四年（明治二十七年）に日米通商航海条約を結んだときだったが、それでもまだ対等とはいえなかった。日本が関税自主権を回復してアメリカと本当に対等になったのは、日露戦争に勝利したあとの一九一一年（明治四十四年）のことである。

明治以後の日本は、西欧列強がアフリカやアジアの植民地分割をはじめているなかにあって、統治するほうに回るのか、統治されるほうになるのか、という二者択一を迫られていた。自由と民主主義を標榜するアメリカですら、フィリピン、ハワイへの進出をはじめようとしていた。明治の国民は、なんとか独立を守らなければ、列強の植民地になってしまうという危機感を共有していたのである。

自由を担保するのは国家

一九七八年（昭和五十三年）、自衛隊のいわゆる制服組のトップである栗栖弘臣統合幕僚会議議長が、週刊誌上での発言が原因で、事実上解任されるという事件があった。

のちに「超法規発言」と呼ばれたその発言は、自衛隊法には不備があるため、有事のさいには、自衛隊は超法規的行動に出ることもありうる、というものだった。日本における有事法制の研究がようやく表だってはじまったのもこの頃である。当時、もっぱら心配されていた「有事」とは、たとえばソ連軍が北海道に上陸してくるような場合の想定であった。

このソ連の日本侵攻について、ロンドン大学教授の森嶋通夫氏と早大客員教授の関嘉彦氏との間でたたかわされた有名な防衛論争がある。「北海道新聞」と「文藝春秋」誌上で展開された議論だが、森嶋氏は、核兵器の時代に通常兵器で武装しても無意味で、どうせ降参するなら武装はゼロでよい、としたうえで、

「不幸にして最悪の事態が起れば、白旗と赤旗をもって、平静にソ連軍を迎えるより他ない。三十四年前に米軍を迎えたようにである。そしてソ連の支配下でも、私たちさえしっかりしていれば、日本に適合した社会主義経済を建設することは可能である。アメリカに

従属した戦後が、あの時徹底抗戦していたよりずっと幸福であったように、ソ連に従属した新生活も、また核戦争をするよりもずっとよいにきまっている」

と述べた。

個人の自由と国家との関係は、自由主義国家においても、ときには緊張関係ともなりうる。しかし、個人の自由を担保しているのは国家なのである。それらの機能が他国の支配によって停止させられれば、天賦の権利が制限されてしまうのは自明であろう。

この論争がたたかわされてから四半世紀、わたしたちはすでに、ソビエト連邦がどのように消滅し、冷戦がどのように終焉したかを知っている。

国はわたしたちに何をしてくれるのか

外国旅行でわたしたちが携帯を義務づけられているパスポートには、外務大臣の署名で、「日本国民である本旅券の所持人を通路支障なく旅行させ、かつ、同人に必要な保護扶助を与えられるよう、関係の諸官に要請する」

との文言が明記されている。

これは、所持者であるあなたが日本人であることを、日本国家が証明し、外国における権利を日本国家が担保するという意味である。いうまでもなく、そこでは、どこの国に属しているかということがきわめて重要な意味をもつ。わたしたちは、国家を離れて無国籍には存在できないのだ。

トム・ハンクスが主演した「ターミナル」という映画があった。主人公が飛行機でアメリカに向かっている間に、東欧の祖国でクーデターが起こり、パスポートが無効になってしまう。かれはJFK空港に到着したものの、入国はできず、かといって自分の国に戻ることもできず、空港に閉じこめられてしまった。無国籍のかれは、移動の自由を奪われてしまうという話だ。

国民がパスポートをもつことによって国家の保護を受けられるということは、裏を返せば、個々人にも、応分の義務が生じるということでもある。

たとえば、タックス・ペイヤーとしての義務を果たす。一票の権利を行使する。自分の住む町を含めた公共に奉仕する――個々人がそうした役割を担わなければ、国家というものは成り立っていかない。

公害訴訟など、過去の国の失政を追及する国家賠償請求訴訟において、原告が勝訴すると、マスコミは「国に勝った」と喝采することが多い。しかし、その賠償費用は国民の税金から支払われるのであって、国家という別の財布から出てくるわけではない。だからこそ、その責任者は被害者への責任だけでなく、納税者である国民にたいする責任がきびしく問われるのである。国家と国民は対立関係にあるのではなく、相関関係にある、というべきだろう。

はたして国家は抑圧装置か

国家権力は抑圧装置であり、国民はそこから解き放たれなければ本当の自由を得たことにはならない、と国家と国民を対立した概念でとらえる人がいる。

しかし、人は他人を無視し、自ら欲するまま、自由にふるまうことが可能だろうか。そこには、すべての要求が敵対し、からみあう無秩序社会――ジャングルの中の自由があるだけだ。そうしないために、近代社会は共同体のルール、すなわち法を決めた。放埓な自由ではなく、責任をともなう自由を選んだのである。

ルワンダ共和国では、一九六二年の独立前からフツ族とツチ族が対立し、独立後、フツ族が政権の座にあったときは、ツチ族にとっては国家は抑圧装置、いや虐殺装置でしかなかった。かつてのユダヤ人にとってのナチスドイツも、そしてかつて多くの共産主義国も、その国民にとっては抑圧装置だった。

安全保障について考える、つまり日本を守るということは、とりもなおさず、その体制の基盤である自由と民主主義を守ることである。外国では少なくともそう考える。ところが日本では、安全保障をしっかりやろうという議論をすると、なぜか、それは軍国主義につながり、自由と民主主義を破壊するという倒錯した考えになるのである。

しかし、少し考えればわかることだが、先にあげた独裁国家では、自由と民主主義が否定され、報道の自由が認められていない。存在するのは、一部の権力者が支配する閉ざされた政府だ。問題なのはその統治のかたちであって、国家というシステムではないのである。

「靖国批判」はいつからはじまったか

国家を語るとき、よく出てくるのが靖国参拝問題であり、「A級戦犯」についての議論である。戦後六十年をむかえた二〇〇五年は、とくにはげしかった。

靖国問題というと、いまでは中国との外交問題であるかのように思われているが、これはそもそもが国内における政教分離の問題であった。いわゆる「津地鎮祭訴訟」の最高裁判決（一九七七年）で、「社会の慣習にしたがった儀礼が目的ならば宗教的活動とみなさない」という合憲の判断が下されて以来、参拝自体は合憲と解釈されているといってよい。首相の靖国参拝をめぐって過去にいくつかの国賠訴訟が提起されているが、いずれも原告敗訴で終わっている。

政府としては、八五年に藤波孝生官房長官の国会答弁で「戦没者の追悼を目的として、本殿または社頭で一礼する方式で参拝することは、憲法の規定に違反する疑いはない」という見解を示して以来、参拝は合憲という立場をくずしていない。

中国とのあいだで靖国が外交問題化したのは、八五年八月十五日、中曾根首相の公式参拝がきっかけである。

中曾根参拝の一週間前の八月七日、朝日新聞が次のような記事を載せた。

「（靖国参拝問題を）中国は厳しい視線で凝視している」

日本の世論がどちらのほうを向いているかについて、つねに関心をはらっている中国政府が、この報道に反応しないわけがなかった。参拝前日の八月十四日、中国外務省のスポークスマンは、はじめて公式に、首相の靖国神社の参拝に反対の意思を表明した。「（首相の靖国参拝は）アジア各国の人民の感情を傷つける」というわけである。「A級戦犯が合祀されているから」という話がでたのは、このときだ。

「A級戦犯」といういい方自体、正確ではないが、じつは、かれらの御霊が靖国神社に合祀されたのは、それより七年も前の一九七八年、福田内閣のときなのである。その後、大平正芳、鈴木善幸、中曾根康弘と、三代にわたって総理大臣が参拝しているのに、中国はクレームをつけることはなかった。

一九七八年に結ばれた日中平和友好条約の一条と三条では、たがいに内政干渉はしない、とうたっている。一国の指導者が、その国のために殉じた人びとにたいして、尊崇の念を表するのは、どこの国でもおこなう行為である。また、その国の伝統や文化にのっとった祈り方があるのも、ごく自然なことであろう。

二〇〇五年六月、わたしは、訪日中のインドネシアのユドヨノ大統領にお会いしたとき、小泉総理の靖国参拝について、「わが国のために戦い、命を落とした人たちにたいして、尊崇の念をあらわすとともに、その冥福を祈り、恒久平和を願うためです」と説明した。すると大統領は、「国のために戦った兵士のためにお参りするのは当然のことです」と理解を示してくれた。世界の多くの国々が共感できることだからではないだろうか。

靖国参拝をとらえて「日本は軍国主義の道を歩んでいる」という人がいる。しかし戦後の日本の指導者たち、たとえば小泉首相が、近隣諸国を侵略するような指示をだしたことがあるだろうか。他国を攻撃するための長距離ミサイルをもとうとしただろうか。核武装をしようとしているだろうか。人権を抑圧しただろうか。自由を制限しただろうか。民主主義を破壊しようとしただろうか。答えは、すべてノーだ。いまの日本は、どこからみても軍国主義とは無縁の民主国家であろう。

日本の国は、戦後半世紀以上にわたって、自由と民主主義、そして基本的人権を守り、国際平和に貢献してきた。当たり前のようだが、世界は、日本人のそうした行動をしっかりみているのである。日本人自身がつくりあげたこの国のかたちに、わたしたちは堂々と胸を張るべきであろう。わたしたちは、こういう国のありかたを、今後もけっして変えるつもりはないのだから。

「A級戦犯」をめぐる誤解

「A級戦犯」についても誤解がある。「A級戦犯」とは、極東国際軍事裁判＝東京裁判で、「平和に対する罪」や「人道に対する罪」という、戦争の終わったあとにつくられた概念によって裁かれた人たちのことだ。国際法上、事後法によって裁いた裁判は無効だ、とする議論があるが、それはべつにして、指導的立場にいたからA級、と便宜的に呼んだだけのことで、罪の軽重とは関係がない。

「A級戦犯」として起訴された二十八人のうち、松岡洋右らふたりが判決前に死亡し、大川周明が免訴になったので、判決を受けたのは二十五人である。このうち死刑判決を受けて刑死したのが東条英機ら七人で、ほか五人が受刑中に亡くなっている。

ところが同じ「A級戦犯」の判決を受けても、のちに赦免されて、国会議員になった人たちもいる。賀屋興宣《かやおきのり》さんや重光葵《しげみつまもる》さんがそうだ。賀屋さんはのちに法務大臣、重光さんは、日本が国連に加盟したときの外務大臣で、勲一等を叙勲されている。

日本はサンフランシスコ講和条約で極東国際軍事裁判を受諾しているのだから、首相が「A級戦犯」の祀られた靖国神社へ参拝するのは、条約違反だ、という批判がある。ではなぜ、国連の場で、重光外相は糾弾されなかったのか。なぜ、日本政府は勲一等を剝奪しなかったのか。

それは国内法で、かれらを犯罪者とは扱わない、と国民の総意で決めたからである。一九五一年（昭和二十六年）、当時の法務総裁（法務大臣）は、「国内法の適用において、これを犯罪者とあつかうことは、いかなる意味でも適当ではない」と答弁している。また、講和条約が発効した五二年には、各国の了解もえたうえで、戦犯の赦免の国会決議もおこなっているのである。「B・C級戦犯」といわれる方たちも同様である。ふつう禁固三年より重い刑に処せられた人の恩給は停止されるが、戦犯は国内法でいう犯罪者ではないので、恩給権は消滅していない。また、戦傷病者戦没者遺族等援護法にもとづいて遺族年金も支払われている。

ある神父の卓見

日本が東京裁判を受諾したことが明記されているのは、サンフランシスコ講和条約の第十一条である。その前段にはこう書かれている。

「日本国は、極東国際軍事裁判所並びに日本国内及び国外の他の連合国戦争犯罪法廷の裁判を受諾し、且つ、日本国で拘禁されている日本国民にこれらの法廷が課した刑を執行するものとする」

じつは、国際法上、戦犯にたいする軍事裁判の判決は、平和条約の効力の発生と同時に効力を失い、裁判が終わっていない者は釈放しなければならないことになっている。講和条約第十一条は、それをさせないために設けられた条文なのだ。だから戦犯とされた人たちは、条約締結後も服役することになった。

ただし、第十一条は後段で、

「これらの拘禁されている者を赦免し、減刑し、及び仮出獄させる権限は、各事件について刑を課した一又は二以上の政府の決定及び日本国の勧告に基く場合の外、行使することができない。極東国際軍事裁判所が刑を宣告した者については、この権限は、裁判所に代表者を出した政府の過半数の決定及び日本国の勧告に基く場合の外、行使することができない」

と、定めている。つまり、日本国内で服役している戦犯について、日本政府が恩赦、釈放、減刑などを行いたいときは、連合国の了解を得ればよい、という意味だ。

第十一条が定めているのは、これ以上でも以下でもない。もとより、すでに命で償った人たちにたいして手を合わせることなど禁じていないのである。

第十一条は、ジャッジメンツ、つまり諸判決を受け入れたのであって、東京裁判そのものを受け入れたわけではない、という議論もあるが、わたしは、判決と定められた刑については受諾して、今後日本は国際的に異議申し立てはしない、という意味に解釈している。

しかもかれらは、すでに刑をまっとうしているのである。いいかえれば、日本は講和とひきかえに、服役中の国民を自国の判断で釈放できるという国際法上慣例となっている権利を放棄することによって、国際社会に復帰したのだ、といってよいのではないだろうか。

もし靖国参拝が講和条約違反なら、遺族年金の支給も、条約違反になってしまう。もともとこの援護法は、「刑死者は、遺族が国の補償を受けられないばかりか、靖国神社にも祀ってもらえない」と、当時、右派社会党の議員が率先して提案し、改正案を全会一致で可決したものだ。

敗戦直後、ＧＨＱ（連合国軍総司令部）が靖国神社をどうするかを検討するとき、マッカーサー元帥の副官が、駐日バチカン公使代理だったブルーノ・ビッター神父に意見を求めた。すると、神父は、同僚たちと協議してこういったという。

「いかなる国民も、国家のために死んだ人びとにたいして、敬意を払う権利と義務がある。もし靖国神社を焼き払ったとすれば、その行為は、米軍の歴史にとって、不名誉きわまる汚点となって残るでしょう。歴史はそのような行為を理解しないに違いない」

この言葉からは、信仰の自由と権利にたいする神父の強い意志が伝わってくる。神父の提言もあって、靖国神社は難を逃れた。

靖国参拝をめぐる昨今の議論にたいし、アメリカのジョージタウン大学のケビン・ドーク教授は、次のような趣旨のことを述べている。

「米国のアーリントンの国立墓地の一部には、奴隷制を擁護した南軍将兵が埋葬されている。小泉首相の靖国参拝反対の理屈にしたがえば、米国大統領が国立墓地に参拝することは、南軍将兵の霊を悼み、奴隷制を正当化することになってしまう。しかし、大統領も国民の大多数もそうは考えない。南軍将兵が不名誉な目的のための戦いで死んだとみなしながらも、彼らの霊は追悼に値すると考えるのだ。日本の政府や国民が不名誉なことをしたかもしれない人びとを含めて戦争犠牲者の先人に弔意を表することは自然であろう」

第三章

ナショナリズムとはなにか

日本が輝いたとき——東京オリンピック

一九六四年（昭和三十九年）、東京オリンピックが開かれたとき、わたしは、小学校の四年生だった。聖火ランナーが、東京・吉祥寺にあった学校の前の街道をとおるというので、みんなでさそいあって、道路の一番前で、日の丸の小旗を手に、ひたすら待っていた。

何時間待っただろうか、ようやく聖火ランナーが遠くに見えた。でもそう思った瞬間には、もう目の前をとおりすぎていった。だから、かれがどんなふうに走っていたのか、さっぱりおぼえていない。それでも、家に帰ってからしばらく興奮がおさまらなかった。

開会式の日、自衛隊の飛行機が、五輪のマークを空に描くのを屋根にのぼって見た。青い空にくっきり浮かんだ白い雲の輪は、子ども心にも、これから日本で、なにか輝かしいことがおきそうな気配を予感させた。

オリンピックの期間中、東京の小学生たちは、先生に引率されて一度は競技を見にいっているはずだ。

わたしたちが連れていかれたのは陸上競技だった。だだっぴろいフィールドのなかの競技を遠くから見ていても、まったく面白くなかった。テレビで見る競技のほうが、ずっとエキサイティングだった。日本人が活躍しそうなときは、体育館にテレビを置いて、先生と一緒にみんなで見た。授業は休みだ。

重量挙げで三宅義信選手が金メダルをとったときは、学校で「重量挙げごっこ」がはやった。三宅選手は、一度肩まであげてから二度目で頭上にさしあげるジャークの試技で、三回とも世界新記録をだして圧勝した。うれしくて、かれの真似を、みんなして競ったものだった。世界中の大きな人間と競いあって、日本人が勝ったという誇らしげな気分がそうさせるのだ。

柔道の無差別級の決勝戦で、神永昭夫選手がオランダのヘーシンク選手に敗れたのは、悔しかったが、日本独自のものだと思っていた柔道が、こんなに世界にひろがっているのだと知って、わたしは、うれしかった。

老いも若きも、日本人のほとんどが感動したのは、日本の女子バレーボールチーム、「東洋の魔女」の優勝の瞬間だろう。おそらくあのときの大人たちが、いちように共有していたのは、「ようやく日本も、世界に肩をならべるところまで来た」という感慨だったはずである。

敗戦から十九年。わたしたちの国は、焼け跡から出発して、とうとうオリンピックを開催できるまでの復興をなしとげた。そしていま世界中の人びとが日本につどい、日本人選手がその前で、胸のすくような活躍を見せる——敗戦のくやしさと、戦争をはじめたことへの後悔をバネにかえ、強い精神力で生き抜いてきた世代にとっては、それは誇らしく、もっとも輝かしいときだったにちがいない。

一九五〇年代生まれのわたしたちの世代には、そうした苦労の記憶はない。ただ、物心がついてからこのときまで、わたしたちは、日本は、世界のなかではまだ小さな国だというイメージをもっていた。だから、日本が世界にむかって、その存在をこんなに誇示しているのかと、新鮮に思ったし、驚きだった。幼いながらも誇らしい気持ちを抱いた、初めての体験だった。

移民チームでW杯に優勝したフランス

東京オリンピックのときの日本は、史上最高の金メダル十六個を獲得した。その四年前のローマ大会ではわずか四個。それ以前の大会でも、最高七個の金メダルしかとれなかったのに、開催国とはいえ、いきなり十六個もの金メダルを獲得した意味は大きかった。ちなみに、二〇〇四年のアテネ大会で、日本がふたたび十六個の金メダルをとるまで、この記録はつづいている。

国際スポーツ大会における勝ち負けというのは、国がどれほど力を入れるかで、おおきく左右されるものだ。勝つことを目標にかかげることで、それにむかって頑張ろうとする国民の気持ちが求心力のはたらきをえて、ひとつになる。社会主義国が選手の養成に多額の予算をかけて、金メダル獲得に意欲を燃やすのは、そうした理由からだ。だから「国の威信」をかける。社会主義国にかぎらず、経済成長の途上にある国も、国民の努力を後押ししようとオリンピックを起爆剤にしてきた。

一九六〇年代、日本がめざましい経済成長をとげるにあたっては、東京オリンピックのためのインフラ整備が原動力の一つになったというのが定説だ。あのオリンピックで日本人は、「やればできる。日本も頑張れば、世界と肩をならべられるのだ」という自信を共有した。そして国民の気持ちが一つになり、その後の成長にはずみをつけたのはまちがいない。

いっぽうでそれは、敗戦によって傷ついたナショナリズムが回復にむかうきっかけになるはずだったが、それは、スポーツだけに許されるものになっていった。愛国心という言葉にたいするアレルギーと警戒心は、その後も日本人からなくなりはしなかったからだ。

「四年に一度のナショナリズム」――熱しやすく冷めやすいといわれる日本人の感情は、オリンピックのたびに盛り上がり、大会が終わると潮を引くように消えていった。まだ、戦後のトラウマが残っていたのである。

それから時代は大きく変わり、日本は、先進国の仲間入りをはたした。スポーツは、国と国との友好を深める重要な役割をはたすようになった。いま若者たちはスポーツで愛国心を素直に表現している。スポーツには、健全な愛国心を引きだす力があるのだ。

スポーツに託して、自らの帰属する国家やアイデンティティを確認する――ナショナリズムがストレートにあらわれる典型がサッカーのW杯だ。それほどのサッカーファンでもないわたしを含め、W杯になると多くのにわかファンを誕生させるのは、この大会のもつ特別な魅力のなせるわざだろう。トヨタカップのようなクラブチーム同士の戦いとは違って、各チームは、その国の代表として出場しているからだ。さらに、国を代表するチームであっても、彼らはひとつの民族、同じ人種というわけではない。

わたしは、親善試合を見に行ったとき、会場の盛り上がりに感化されてサッカーの面白さを知った。日本がW杯本戦の出場を逃した九三年の〝ドーハの悲劇〟のときは、ブラジル出身のラモスが、日本人といっしょに涙を流して悔しがった。いまも三都主の活躍にみんなが心から拍手をおくる。日の丸の旗のもとに戦った者は、出身国がどこであろうと仲間であるという意識、それは共同体にたいする帰属意識、というよりほかにいいようがない。

フランスは、第二次世界大戦のあと、労働力が不足して大量の移民を受け入れた。だがその後ナショナリズムの高まりとともに、移民排斥の嵐が吹き荒れた。九八年、強豪フランスは、開催国としてW杯に出場するが、このときメンバーの多くが、アルジェリア系のジダンをはじめとする移民と移民二世の選手たちで占められたため、「レインボー（いろいろな人種からなる）チーム」と呼ばれた。しかし、そのチームが優勝を勝ち取ったとき、かれらはもはや移民ではなく、フランス国家の英雄であった。

優勝の夜、人びとは国歌「ラ・マルセイエーズ」を歌って熱狂し、百万人以上がつどった凱旋門には「メルシー・レ・ブリュ」（「ブリュ」はフランスチームのシンボルカラーの青）の電光文字が浮かび上がった。サッカーのもたらしたナショナリズムが、移民にたいする反感を乗り越えた瞬間であった。

「君が代」は世界でも珍しい非戦闘的な国歌

アメリカでスポーツ・イベントの開会のとき、かならず歌われるのが国歌である。プロバスケットリーグのＮＢＡや野球のメジャーリーグの開幕戦など、人気イベントになると、大物ミュージシャンが招かれ、それは朗々とうたわれる。

日本でも、たとえば高校野球の甲子園の全国大会では、開会式に国旗の掲揚と国歌の斉唱がおこなわれるが、アメリカのような多民族国家においては、この国旗と国歌は、たいへん大きな意味をもつ。星条旗と国歌は、自由と民主主義というアメリカの理念の下にあつまった、多様な人びとをたばねる象徴としての役割をはたすからである。

覚えている人もいるだろうが、二〇〇四年のアテネオリンピックで、水泳の八百メートル自由形で優勝した柴田亜衣選手は、笑顔で表彰台にのぼったのに、降りるときには大粒の涙を落としていた。

「金メダルを首にかけて、日の丸があがって、『君が代』が流れたら、もうダメでした」

日本人として、健闘を称えられたことが素直にうれしかったのだ。二〇〇五年七月にモントリオールで行われた世界水泳選手権では、同じ種目で残念ながら三位に終わってしまったが、「日の丸をいちばん高いところに掲げて、『君が代』を歌いたかった」と悔しがっていた。

世界中どこの国の観客もそうだが、自国の選手が表彰台に上がり、国旗が掲揚され、国歌が流れると、ごく自然に荘重な気持ちになるものだ。ところがそうした素直な反応を、若者が示すと、特別な目で見る人たちがいる。ナショナリズムというと、すぐ反応する人たちだ。ようするに「日の丸」「君が代」に、よい思いをもっていないのだ。

かれらにとっては、W杯の日本のサポーターの応援ぶりも、きっと不愉快なことなのにちがいない。ただ、その不愉快さには、まったく根拠がないから、かれらの議論にはなんの説得力もない。そのことはかれらもわかっているから、「プチ・ナショナリズム」などという言葉をつかって、ことさらにおとしめるのである。

また、「日の丸」は、かつての軍国主義の象徴であり、「君が代」は、天皇の御世を指すといって、拒否する人たちもまだ教育現場にはいる。これには反論する気にもならないが、かれらは、スポーツの表彰をどんな気持ちでながめているのだろうか。

若者たちはよくいうが、「君が代」は、たしかにほかの国の国歌にくらべて、リズムといいテンポといい、戦いのまえにふさわしい歌ではない。しかし日本の選手が活躍したあとに、あの荘重なメロディを聞くと、ある種の力強さを感ずるのは、わたしだけではないはずだ。

歌詞は、ずいぶん格調が高い。「さざれ石の巌となりて苔のむすまで」という箇所は、自然の悠久の時間と国の悠久の歴史がうまくシンボライズされていて、いかにも日本的で、わたしは好きだ。そこには、自然と調和し、共生することの重要性と、歴史の連続性が凝縮されている。

「君が代」が天皇制を連想させるという人がいるが、この「君」は、日本国の象徴としての天皇である。日本では、天皇を縦糸にして歴史という長大なタペストリーが織られてきたのは事実だ。ほんの一時期を言挙げして、どんな意味があるのか。素直に読んで、この歌詞のどこに軍国主義の思想が感じられるのか。

アメリカ国歌に、「星の輝く旗は、まだはためいているか?」と、問いかける一節があるのをご存じだろうか。独立後の一八一二年に起きた米英戦争の際、激しい攻撃を受けながらも砦《とりで》に星条旗がはためく光景を歌ったものだ。

戦意を高揚させる国歌は、世界にはいくつもある。独立なり、権利なりを勝ちとった歴史を反映させようとするからだ。フランスの国歌「ラ・マルセイエーズ」は、はじめから終わりまで「暴君の血に染まった旗が、われらに向かってかかげられている」「やつらがあなた方の息子や妻を殺しにくる」と、烈《はげ》しい言葉がならび、最後は、「進め！　進め！　汚れた血がわれらの田畑を染めるまで！」というフレーズでしめくくられている。

イタリア系アメリカ人にとっての母国愛

外国人と出会ったり、外国へ旅行したり、住んだりしたことをきっかけに、ナショナリズムとは、いつも自分たちにつきまとっている問題なのだ、と認識するようになる人は多い。

留学したとき、わたしはロサンゼルスでアメリカ人のお宅に一年間下宿していたことがある。家主は、イタリア系の初老の未亡人だった。親しくなってから、いろいろと話をきかされたが、彼女はイタリア系アメリカ人というアイデンティティに対する帰属意識が強かった。「ゴッドファーザー」の映画の話になると、

「あれはマフィアに偏見をもった映画よ」

と、よくいっていた。かつてアメリカにやってきたイタリア系の移民がひどい目にあったときに助けてくれたのは、法律ではなく、マフィアたちだったというのだ。

彼女の姪が遊びにきて、一緒に話していると、彼女たちがナポレオンにたいへん親近感

を抱いていることがよくわかった。フランスの皇帝ナポレオン・ボナパルトは、コルシカ島のイタリア系地主の家に生まれ、何度もイタリアに遠征している。結局不成功に終わったが、十九世紀のはじめに、ナポレオンは、大陸封鎖によってイギリスを封じ込めた。ナポレオンの最初の流刑地となったエルバ島は現在、イタリア領である。

同じアメリカ人であっても、やはりアングロサクソンによって書かれた歴史には、反発があるのだ。ナポレオンを否定的に扱うような歴史解釈は、自分たちの祖先が否定されるようで、違和感を覚えるらしい。

米大使館人質事件が示したアメリカの求心力

よくいわれることだが、アメリカは一枚岩ではない。国内にはいろいろな価値観や意見がある。だが、すごいと思うのは、いざ外に向かうときは、アメリカ国民は、国益の下に一枚岩になることだ。それがアメリカのナショナリズムの特徴である。

一九七九年十一月、イランでおきたアメリカ大使館人質事件がそうだった。

イランでは、その前年から続いていた「パーレビ王政打倒」の動きが暴動と化し、七九年一月に国王が国外へ脱出、かわりに長年亡命生活を続けていた宗教指導者のホメイニ師が帰国し、革命政府を樹立した。わたしが神戸製鋼の社員としてアメリカに赴任したのは、そのさなかのころだった。

パーレビ王政を支援していたアメリカは、がんの治療という名目で元国王をアメリカに引き取った。これに怒ったイランの学生たちが、パーレビの引き渡しを求めてテヘランのアメリカ大使館を占拠したのが、その後四百四十四日にわたる人質事件の発端である。

人質にされた米大使館員らは五十二人。カーター政権は彼らを救おうと、翌年四月に奪回作戦を試みるが、輸送機とヘリコプターが衝突事故を起こして八人が死亡。奪回作戦は、失敗に終わり、カーター大統領もその年の大統領選で敗退した。

カーター政権の末期は、アメリカにとって最悪の時期だった。カーターは人質奪回作戦を成功させて、次の大統領選をいっきに有利にしようと考えたのだったが、その目算はははずれ、大統領レースで反カーター陣営を勢いづかせる結果になった。

ところが、その演説会で、意外に思ったことがある。人質事件に触れると、どの候補者もかならず、「わたしは大統領とともにある」(I am behind the President.) というのだ。ほかのことではカーターをこきおろす候補者が、そこだけは口をそろえる。

もちろん、人質にされている大使館員たちの家族に配慮するという意図からだろうが、アメリカは一丸となって事件に対処しているのだ、という明確なメッセージを内外に発しようとするのである。国益がからむと、圧倒的な求心力がはたらくアメリカ。これこそがアメリカの強さなのだ。

「ミリオンダラー・ベイビー」が訴える帰属の意味

二〇〇五年の五月、クリント・イーストウッド監督・主演のアメリカ映画「ミリオンダラー・ベイビー」の試写会に行った。

クリント・イーストウッドが演じるのは、年老いたボクシングのトレーナー、フランキーだ。そこへヒラリー・スワンク演じるボクサー志願のマギーがやってくる。二人はチャンピオンをめざしてトレーニングを続けるのだが、この映画はスポ根でもなければ、サクセス・ストーリーでもない。実の娘に縁を切られたフランキーと、愛する父を失ったマギーが、疑似父娘のような関係にたどりつくまでの物語である。その背後には、「アイルランド系というアイデンティティへの帰属」「カトリックという宗教への帰属」、そして「家族への帰属」という、じつに重たいテーマが横たわっている。

二人はともにアイルランド系移民である。フランキーは、アイルランドの古い言語であるゲール語を独学し、イェーツの難解な詩集を原語で読むような男だ。彼はマギーに試合用の絹のガウンを贈る。色はアイルランドのシンボルカラー、グリーン。ガウンには、ゲール語で「モ・クシュラ」という言葉が刺繍してあるのだが、その言葉の意味はまだ明かされない。

マギーは各地を転戦し、圧倒的な強さを見せつける。彼女が目のさめるようなグリーンのガウンを身にまとってリングにあらわれると、熱狂した観衆は「モ・クシュラ！」と叫ぶ。

だが、終盤、悲劇がマギーを襲う。試合で脊髄を損傷したマギーは、意識はしっかりしているものの、首から下をまったく動かすことができなくなる。人工呼吸器をつけ、ベッドに寝たきりの障害者――おまけに褥瘡《じょくそう》で片足を切断され、家族にも見放されてしまう。

マギーは絶望し、死を望むが、身動きひとつかなわない彼女は自殺することもできない。フランキーに自殺の幇助を頼むが、敬虔なカトリック教徒である彼は、その願いを拒絶する。だが、舌を噛み切ってまで死のうとするマギーを前にしたとき、フランキーは「モ・クシュラ」の意味を明かし、ついに人工呼吸器に手をのばす――「モ・クシュラ」とは「わたしの血、わたしの愛する人」という意味であった。

主演の二人はもちろん、共演のモーガン・フリーマンの演技もすばらしく、二〇〇四年のアカデミー賞の主要四部門（作品賞、監督賞、主演女優賞、助演男優賞）を獲得した。宗教、親子、家族、民族、そしてアメリカン・ドリームと、アメリカにあるさまざまなテーマが盛り込まれ、誰にとっても感動的な作品に仕上がっているが、とりわけアイルランドへの帰属意識という点に注目して作品を見直すと感慨深い。クリント・イーストウッド自身がアイルランド系だというから、その思いが込められているのかもしれない。

評論家の松本健一さんは、イーストウッドがこの映画をとおして描こうとしたのは、アメリカのナショナル・アイデンティティである、と指摘している。中国人も韓国人もヒスパニックも、アメリカをすでに「理想の国」であると考えて移民したが、アイルランド移民だけはアメリカを「理想の国」につくりあげようとした。だからこそ、アイルランド移民の子であるケネディ大統領は、いつまでもアメリカの星でありつづけるのだ、と。

「地球市民」は信用できるか

国家、すなわちネーションとは、ラテン語の「ナツィオ」が語源だ。中世のヨーロッパでは、あちこちからイタリアのボローニャにある大学に学生が集まってきた。大学の共通語はラテン語だが、同郷の仲間とつどうときは、自分たちの国の言葉で話した。そして酒を酌み交わしたり、歌を歌ったりしながら、故郷をなつかしんだ。どこで生まれ、どこで育ったのか、同じ民族でその出自を確認しあうのだ。その会合を「ナツィオ」とよんだのである。

では、自分たちが生まれ育った郷土にたいするそうした素朴な愛着は、どこから生まれるのだろうか。すこし考えると、そうした感情とは、郷土が帰属している国の歴史や伝統、そして文化に接触しながらはぐくまれてきたことがわかる。

とすれば、自分の帰属する場所とは、自らの国をおいてほかにはない。自らが帰属する国が紡いできた歴史や伝統、また文化に誇りをもちたいと思うのは、だれがなんといおうと、本来、ごく自然の感情なのである。

前章でわたしは、パスポートの例をあげて、《わたしたちは、国家を離れて無国籍には存在できない》と述べた。しかしそれは、旅行の便宜上のことばかりではない。そこに横たわっている本質的なテーマとは、自分たちはいったい何者なのか、というアイデンティティの確認にほかならない。

外国にすんでいたり、少し長く旅行したことのある人ならわかるだろうが、ただ外国語がうまいというだけでは、外国人は、深く打ち解けたり、心を開いてくれることはしないものだ。伝統のある国ならなおさらである。

心の底から、かれらとコミュニケーションをとろうと思ったら、自らのアイデンティティをまず確認しておかなければならない。なぜなら、かれらは《あなたの大切にしている文化とはなにか》《あなたが誇りに思うことは何か》《あなたは何に帰属していて、何者なのか》――そうした問いをつぎつぎに投げかけてくるはずだからだ。かれらは、わたしたちを日本人、つまり国家に帰属している個人であることを前提としてむき合っているのである。

はじめて出会う外国人に、「あなたはどちらから来ましたか」と聞かれて、「わたしは地球市民です」と答えて信用されるだろうか。「自由人です」と答えて、会話がはずむだろうか。

かれらは、その人間の正体、つまり帰属する国を聞いているのであり、もっといえば、その人間の背負っている歴史と伝統と文化について尋ねているのである。

郷土愛とはなにか

人はなにかに帰属してはじめて、自己を確認する――映画「ミリオンダラー・ベイビー」は、民族・文化とは別に、宗教への帰属というテーマを描いた。

わたしがこのことに目を開かされたきっかけのひとつは、高校三年生のときに読んだ遠藤周作さんの『沈黙』だった。『沈黙』は、日本に潜入したポルトガル司祭ロドリゴの苦悩をとおして、人間のきわめてストイックな生き方を描いた作品だ。

ロドリゴは、拷問を受けても棄教せず、殉教していく日本人キリシタンたちを救うために、自ら踏み絵を踏み、信仰を捨てる選択をする。神に仕えるロドリゴにとって、仲間のキリシタンを助けることは世俗のことにすぎない。しかし、彼は結局は、世俗を優先し、現実の世界で誰かを救うため、いままでの人生を否定することまでした。

一つを選択すれば、他を捨てることになる。なにかに帰属するということは、そのように選択を迫られ、決断をくだすことのくりかえしである。

結果的になにを選択することになろうと、帰属するということは、決断するさいの基準をもつということである。それは、自らの生き方に自信や責任をもとうという意識のあらわれでもある。身の処し方といいかえてもよいが、そういう人の人生には張りがある。反対に、帰属を拒む人間の人生が、どこか無機質で、艶がないと感じるのは自己認識を避けようとするからではないか。

自らの人生をかけて帰属するのだから、その対象が組織であれ、地域であれ、ひとは、それを壊さないように、愛情をもって守ろうとする。愛着はそうして生まれる。

「団塊の世代」という言葉の生みの親である堺屋太一さんの本に、『エキスペリエンツ7――団塊の7人』という小説がある。老いの入り口にさしかかった団塊世代の仲間たちが、自分たちの知識と経験を生かして、ある大仕事をなしとげるのだが、その大仕事とは、斜陽になった某商店街の再生である。いうなれば現代版の「七人の侍」だ。

だれでも自分の住む地域をよくしたいと願う。ましてそこが自分の故郷だったら、なおのことそう思う。またそれは自分の国にたいする思いにつながる。

飲み終わったジュースの空き缶を平然と道端に捨てられる人は、その土地に愛着をもっていない人だ。空き缶を自宅にもって帰って処分することを思うと、たしかに面倒くさい。損得で考えれば、その場に捨てていったほうが楽だ。そこを捨てずに、あえてもち帰るためには、倫理的規範とともに、損得ではない、なにか情動のような基準が必要になる。

地域社会が壊れつつあるといわれて久しい。

《あなたはこの土地に帰属しているのだから、この場所はあなたの一部でもあるのです。

この場所をきれいにするということは、とりもなおさず、あなたの一部を高めていくことにもなるのですよ》

若者たちが、自分たちが生まれ育った国を自然に愛する気持ちをもつようになるには、教育の現場や地域で、まずは、郷土愛をはぐくむことが必要だ。国にたいする帰属意識は、その延長線上で醸成されるのではないだろうか。

曾我ひとみさんが教えてくれたわが故郷

「地域コミュニティの再評価」をスローガンにして活動している人たちのなかには、地域にたいして愛着をもつのは、よいことだが、国家にたいして愛着をもつのは、ごめんだ、という人がいる。そういう人たちには、地域社会から国家をバイパスし、一足飛びに地球市民にいってしまう考えの人が、なぜか多い。

地球上のすべての人類が、自分の生まれ育った地域を大切にすれば、やがて地球がひとつの大きなコミュニティになる、という考え方である。一見正しいように思えるが、どこか不自然だ。

地球市民というのは、人類がかかげるべき概念のひとつかもしれないが、事実上空想の世界でしかない。かりに実現したとしても、その市民の安全や財産、あるいは人権をいったいだれが担保するのか。基礎的な単位が必要であり、その単位が国家であるのは自明だろう。にもかかわらず、その国家をバイパスするという感性が育まれた背景には、戦後日本が抱えてきた矛盾が大きく影響している。国家という概念へのアレルギーが、地域住民と地球市民をダイレクトに結びつけてしまう作用をはたしてしまうのだ。

そもそも、人間はひとりで生きているわけではないし、ひとりでは生きられない。その人の両親、生まれた土地、その人が育まれた地域のコミュニティ、そして、それらをとりまいている文化や伝統や歴史から、個人を独立させて、切り離すことなどできないのだ。人は、「個」として存在しているように見えるが、その実体は、さまざまなものとつながっていて、けっして「個」ではない。国もまた、同じだ。人が生まれて成長して年をとっていくうえで、切り離せないものとして存在しているのである。

ここでいう国とは統治機構としてのそれではない。悠久の歴史をもった日本という土地柄である。そこにはわたしたちの慣れ親しんだ自然があり、祖先があり、家族がいて、地域のコミュニティがある。その国を守るということは、自分の存在の基盤である家族を守ること、自分の存在の記録である地域の歴史を守ることにつながるのである。

北朝鮮に帰属の権利を奪われた拉致被害者のひとり、曾我ひとみさんが、二〇〇二年秋、二十四年ぶりに故郷の佐渡の土を踏んだとき、記者会見の席で読んだ自作の詩があった。

みなさんは記憶しているだろうか。自らの国を失うとはどういうことか、国とはわたしたちにとって、どういう存在なのか、率直に、そして力強く語りかけてくれたのを。

《みなさん、こんにちは。二十四年ぶりにふるさとに帰ってきました。とってもうれしいです。心配をたくさんかけて本当にすみませんでした。今、私は夢を見ているようです。人々の心、山、川、谷、みんな温かく美しく見えます。空も土地も木も私にささやく。「おかえりなさい、がんばってきたね」。だから、私もうれしそうに、「帰ってきました。ありがとう」と元気に話します。みなさん、本当にどうもありがとうございました――》

「偏狭なナショナリズム」という批判

二〇〇〇年のシドニーオリンピックのとき、陸上女子四百メートルで優勝したオーストラリアのキャシー・フリーマンが、オーストラリア国旗と先住民アボリジニの旗の両方をもってビクトリーランをした。最終聖火ランナーでもある彼女は、地元オーストラリアの期待を一身に集めた。オーストラリア国民であると同時に先住民族の一員である彼女のアイデンティティは複雑だったはずだ。

現在の国家のかたちを、一般にネーションステート（国民国家）と呼ぶ。これはもともと近代のヨーロッパで生まれた概念だ。宗教の対立が原因で各国が争っていた三十年戦争が、一六四八年、ウェストファリア条約の締結とともに終わりをつげ、あたらしくはじまったのが主権国家の時代だった。そして、十七〜十八世紀の市民革命によって、主権国家のなかの国民がひとつのアイデンティティのもとにまとまり、国民国家が成立する。

「ナショナリズムは、まだ国民国家をもたない民族にとっては革命思想であり、すでに国民国家を手にしている民族にとっては保守思想になる」という考え方がある。ナショナリズムは、いろいろな言葉に訳されるが、それをあえて民族主義と訳せば、キャシー・フリーマンは、旗を二つ掲げることで、自分の中で分裂するナショナリズムに折り合いをつけようとしていたことになる。

日本で国民国家が成立したのは、厳密にいえば明治維新以後ということになるが、それ以前から、日本という国はずっと存在してきた。そこに住む人たちは、共に生き、ときにあい争うことはあっても、おたがい排他的にならずに新しい文化を吸収しつつ、歴史をつくってきた。その意味では、日本人は、自然で、おだやかなナショナリズムの持ち主だといえる。

進歩主義の立場からナショナリズムを批判する人たちは、よく「偏狭なナショナリズム」といういい方をする。ナショナリズムを健全なナショナリズムと偏狭なそれとに分けようというのだ。

たとえば、拉致された日本人を取り戻すために、わたしたちが北朝鮮にたいして強い態度に出ると、「それは偏狭なナショナリズムだ」とかれらは批判する。アジア全体の平和を優先するなら、北朝鮮にたいしても融和的に対応すべきだ、という主張である。

かれらのいう「偏狭」とは「排他的」という意味らしいが、そもそもかれらは、ナショナリズムそのものを否定してきたのではなかったか。というより、かれらがナショナリズムを「偏狭な」と形容するのは、拉致事件をきっかけに日本人が覚醒してしまい、日本のナショナリズムを攻撃してきた旧来の論理が、支持を得られなくなってしまったからではないか。

日本人が日本の国旗、日の丸を掲げるのは、けっして偏狭なナショナリズムなどではない。偏狭な、あるいは排他的なナショナリズムという言葉は、他国の国旗を焼くような行為にこそあてはまるのではないだろうか。

進歩主義者のダブルスタンダード

破綻した理屈をとりつくろうためには、ダブルスタンダードの議論をせざるをえなくなる。

台湾では、一九九六年に、総統を選ぶ初の直接選挙が行われ、李登輝氏が当選した。このとき中国は、投票日をはさむ二週間余りにわたって大規模な軍事演習をおこない、台湾海峡に計四発のミサイルを打ち込んだ。これにたいして日米両国は中国に自重を申し入れ、アメリカは空母まで派遣した。しかし、中国側は「内政問題」を盾に演習をつづけた。選挙は予定どおりおこなわれたものの、台湾の雰囲気は騒然となり、中台の間でいっきに緊張が高まることになった。

この事件の真っ最中に、衆議院外務委員会で、ある議員が質問に立った。「日本が、中国政府にたいして懸念を表明するのはいいことだ」というような意味のことを発言したあとで、アメリカが空母を派遣したことについて、

「片方で軍事行動をおこなっている際、それが警戒的な意味であれ、もう一方が、あるいは第三者が、軍事的な対応でそれにこたえるということは、必ずしも緊張を解く最善の方

法ではない」

と批判した。そして、

「(日本がアメリカに)非常に大きな懸念を持っているということぐらいは、たとえばアメリカが空母その他を台湾の近海に派遣をするという際に、直ちに表明してもいいのではないかと思います」

と述べた。中国がミサイルを発射したことより、アメリカが空母を派遣したことのほうが問題だといっているように聞こえる。しかも台湾で行われようとしている民主的な選挙を守る必要があるのか、ないのかについては、いっさいふれていない。

万が一、日本がアメリカに厳重に抗議して、それでアメリカが空母の派遣をとりやめ(もっとも、そんなことはありえないが)、中国によって台湾の選挙が妨害されるようなことになってもかまわないのだろうか。

天皇は歴史上ずうっと「象徴」だった

日本の歴史は、天皇を縦糸にして織られてきた長大なタペストリーだといった。日本の国柄をあらわす根幹が天皇制である。

憲法第一条では、天皇についてつぎのように規定している。

「天皇は、日本国の象徴であり日本国民統合の象徴であつて、この地位は、主権の存する日本国民の総意に基く」

ＧＨＱ（連合国軍総司令部）から憲法の草案が日本側に手渡されたのは、一九四六年（昭和二十一年）二月十三日。それは、二月八日に政府がＧＨＱに提出した改正要綱にたいする拒否の回答と同時であった。

政府は、「日本は歴史はじまって以来、天皇によって統治されてきたので、いまさら共和国にするとか大統領を元首にするとかいう案は国民が許さない」として、天皇が統治権を総攬《そうらん》・行使するという明治憲法の基本を引き継ごうとした。しかし、ＧＨＱはそれを許さなかった。

両者の間には激しい攻防があったが、結局「ＧＨＱ案をのまないと天皇制そのものが存続できなくなる」という危機感から、象徴天皇制を受け入れることにしたのであった。

天皇が「象徴」と明記されたのは、ＧＨＱ案に"The Emperor shall be the symbol of the State and of the Unity of the People"――「シンボル」とあったからだ。

一九七七年（昭和五十二年）から十一年にわたって駐日大使をつとめたマイク・マンス

フィールド氏が、当時外務大臣だったわたしの父、安倍晋太郎に、こんな質問をしたことがある。

「わたしは日本の経済発展の秘密についてずっと考えてきたのですが、安倍さん、何だと思いますか」

「日本人の勤勉性ですかね」

父がそう答えたら、大使は皇居のほうを指していった。

「天皇です」

戦後の日本社会が基本的に安定性を失わなかったのは、行政府の長とは違う「天皇」という微動だにしない存在があってはじめて可能だったのではないか——当時、まだ二十代のわたしは、その意味が実感としてよくわからなかったが、後年になってようやく理解した。

ほとんど混乱なく終戦の手続きが進められたことも大きかった。そしてそれは、国民の精神的な安定に大きく寄与してきた。事実、天皇は国民とともに歩んできたのである。

世界を見わたせば、時代の変化とともに、その存在意義を失っていく王室が多いなか、一つの家系が千年以上の長きにわたって続いてきたのは、奇跡的としかいいようがない。

天皇は「象徴天皇」になる前から日本国の象徴だったのだ。

国民のために祈る天皇

天皇が他の国の国王とちがうのは、富や権力の象徴ではなかったという点だろう。たいていの王様は、王冠にダイヤをちりばめている。美術館に行けば、王家が集めた、権力と富の象徴である金銀財宝をみることができる。ところが天皇家は、古代においては壮大な宮殿をつくったこともあるが、そこに金銀財宝を集めて華美な生活を送ったわけではない。富を誇っていたのではなく、文化的水準の高さを誇っていたのである。歌集の編《へん》纂《さん》といった仕事がそれだ。

故・坂本多加雄学習院大教授によれば、聖武天皇の大仏建立の詔には、「天下の富も権勢もすべて自分（聖武天皇）が所有している。それを用いれば大仏造営はたやすいことである。しかし、そのようにして大仏を建立しても何の意味があろうか。人々がまことの信仰心から、一枝の草でも一握りの土でも持ち寄って大仏の造営に力を注ぐことが貴いのである」と書かれていたという（『国家学のすすめ』ちくま新書）。

大仏造営は国家的事業ではあったが、古代エジプトのピラミッドとはだいぶ様相がちがった。国家の命令で民を徴用するのではなく、仏の前では、天皇も民も平等であるとして、自発的な事業への参加を呼びかけたのだった。

そうした天皇の、日本国の象徴としての性格は、いまも基本的に変わっていない。国家、国民の安寧を祈り、五穀豊穣を祈る――皇室には数多くの祭祀があり、肉体的に相当な負担だが、今上陛下はほとんどご自分でおつとめになっていると聞く。

祭祀のほかに、「天皇の国事行為」として、いくつかの仕事が憲法に定められている。代表的なのが、内閣総理大臣および最高裁判所長官の任命、国務大臣の任免、憲法改正や法律の公布、国会の召集、衆議院の解散である。しかし、じっさいには、これらに該当しない天皇の公的な仕事もあって、自民党の新憲法起草委員会では、これを「象徴としての行為（公的行為）」と呼んでいる。

たとえば、日本に赴任した外国の大使から信任状を受け取る仕事も、そのひとつである。

各国大使は、日本に赴任すると、皇居で行われる信任状捧呈式に臨む。東京駅もしくはホテルから、宮内庁さしまわしの自動車か、馬車で参内するのだが、たいていの大使が馬車を選ぶそうである。捧呈式では、天皇が信任状を受け取られ、さらに外務大臣に授けられる。このときをもって大使が着任したとみなされるのである。

奥ゆかしい行事だが、法的裏付けは、憲法第七条九項の《外国の大使及び公使を接受すること》であり、天皇に規定されているわけではない。信任状を受け取るのは総理大臣でもよかったが、天皇の役割としたのは、占領下の吉田茂総理の英断だったといわれる。

「公」の言葉と「私」の感情

六十年前、天皇が特別の意味をもった時代があった。そして多くの若者たちの、哀しい悲劇が生まれることになった。

《如何にして死を飾らむか
如何にして最も気高く最も美しく死せむか
我が一日々々は死出の旅路の一里塚

（中略）

はかなくも死せりと人の言はば言へ
我が真心の一筋の道
今更に我が受けてきし数々の
人の情を思ひ思ふかな》（神坂次郎著『今日われ生きてあり』新潮文庫）

もはや敗戦の色が濃い、太平洋戦争の末期。鹿児島県知覧の飛行場から沖縄の海へ飛び立っていった陸軍特別攻撃隊・第五十五振武隊に所属する、鷲尾克己少尉の、二十三歳のときの日記の一部である。

国のために死ぬことを宿命づけられた特攻隊の若者たちは、敵艦にむかって何を思い、なんといって、散っていったのだろうか。彼らの気持ちをつぎのように語る人は多い。

《かれらは、この戦争に勝てば、日本は平和で豊かな国になると信じた。愛しきもののために――それは、父母であり、兄弟姉妹であり、友人であり、恋人であった。そしてその愛しきものたちが住まう、日本であり、郷土であった。かれらは、それらを守るために出撃していったのだ》

わたしもそう思う。だが他方、自らの死を意味あるものにし、自らの生を永遠のものにしようとする意志もあった。それを可能にするのが大義に殉じることではなかったか。彼らは「公」の場で発する言葉と、「私」の感情の発露を区別することを知っていた。死を目前にした瞬間、愛しい人のことを想いつつも、日本という国の悠久の歴史が続くことを願ったのである。

今日の豊かな日本は、彼らがささげた尊い命のうえに成り立っている。だが、戦後生まれのわたしたちは、彼らにどうむきあってきただろうか。国家のためにすすんで身を投じた人たちにたいし、尊崇の念をあらわしてきただろうか。

たしかに自分のいのちは大切なものである。しかし、ときにはそれをなげうってでも守るべき価値が存在するのだ、ということを考えたことがあるだろうか。

わたしたちは、いま自由で平和な国に暮らしている。しかしこの自由や民主主義をわたしたちの手で守らなければならない。そして、わたしたちの大切な価値や理想を守ることは、郷土を守ることであり、それはまた、愛しい家族を守ることでもあるのだ。

この鷲尾克己少尉の日記の最後の部分は、とりわけわたしの胸に迫ってくる。

《はかなくも死せりと人の言はば言へ　我が真心の一筋の道》——自分の死は、後世の人に必ずしもほめたたえられないかもしれない、しかし自分の気持ちはまっすぐである。

第四章　日米同盟の構図

九・一一はアメリカを変えたか

二〇〇一年九月十一日、全世界を恐怖のどん底に陥れた、あのニューヨークの同時多発テロ以降、アメリカは、本質的なところで変わってしまったのか、という議論がある。おおむね、つぎのような批判だ。

《九・一一の後、アメリカは、一カ月とおかずにテロリストの引渡しを拒否するアフガンに軍事進攻し、さらに、二年たらずのうちに、大量破壊兵器の所持を理由にしてイラクを攻撃した。フランスやドイツが止めるのも聞かず、アメリカは、戦争という最悪の事態まで突っ走ってしまった。

ブッシュ大統領が二〇〇二年の「国家安全保障戦略」のなかで「自国を防衛する権利を行使するため、必要に迫られれば、先制攻撃による単独行動もためらわない」と述べたが、そこには、多国間で協調をはかるという、従来の国際協調主義は影をひそめ、自国の利益追求のためには手段を選ばない単独行動主義が色濃くあらわれている。とりわけネオコンと呼ばれる人たちが、大統領の外交政策に、強い影響力を与えている――》

ブッシュ共和党政権が、保守的な理念によって立つ政権であることは事実だし、また、ブッシュ大統領はネオコン＝新保守主義と呼ばれる人たちから助言を受けているともいわれている。

アメリカの歴史を振り返ると、その外交の伝統には、独立宣言や憲法にうたわれた理想の考え方をめぐっておおよそ三つのパターンがあるといわれる。一つめは孤立主義の立場であり、二つめは理想よりも国益を重んじ、国際政治に積極的に関与しようとする現実主義的な立場、そして三つめが、理想主義的、福音主義的な使命感からアメリカ憲法の理念を世界に広めようとする立場である。

この三つは、どれが外交の前面に立つかという違いはあっても、いつの時代にも存在するものだ。したがって、ブッシュ政権がアメリカの歴史のなかで、きわだって特異な政権であるとは思われない。

アメリカ人の信じる普遍の価値

では、アメリカ、あるいはアメリカ人の信じる普遍的な価値観とは何か。

アメリカは、神と聖書を信じ、宗教弾圧や迫害から逃れて、世界中から新天地に希望を求めてやってきた人たちが、独立戦争を経て一七七六年、母国イギリスから独立を勝ち取って生まれた国である。
アメリカ建国の父と呼ばれるなかの一人、トマス・ジェファーソンは、自分自身、奴隷を持つ農場主の家に生まれたにもかかわらず、
《すべての人は生まれながらにして平等であり、すべての人は誰からも侵されない権利を神から与えられている。その権利には、生存、自由、そして、幸福を追求する権利が含まれる》
という文章からなる独立宣言書を起草した。
実際にはまだ確立されていない理念であったが、それらは実現されるべき理想として高らかに掲げられた。ジェファーソンをはじめ、ジョージ・ワシントン初代大統領、ジェームズ・マディソン（第四代大統領）、アレグザンダー・ハミルトン（初代財務長官）ら、アメリカの建国の指導者たちは、この理想こそアメリカの気高さであり、神によってそう運命づけられていると考えたのである。
一八〇三年にルイジアナをフランスから、一八一九年にはフロリダをスペインから、そしてテキサスをメキシコから獲得し、さらにフロンティアを求めて西へと膨張していった過程は、まさに神から与えられたとする「マニフェスト・デスティニー」（明白な運命）の

なせるわざであった。

アメリカの国籍をもち、アメリカで生活する多くのひとたちの共通の意識が、この独立宣言にうたわれた理想だとすれば、それは普遍的な価値であるという、絶対の自信に裏打ちされていなければならない。この考えが好きか嫌いか、不遜《ふそん》か傲岸《ごうがん》か、という感情論はさておき、そうしたピューリタン的な信仰と使命感がアメリカという国家を成り立たせている源泉なのである。

彼らはすでに孤立主義を捨てている

十九世紀の末までのアメリカ外交の主流は、このような普遍的な価値観は合衆国のなかで実現すべきことであり、海外への関与は建国の精神に反する、というもので、とくにヨーロッパにたいしては、この不干渉主義の原則を貫いていた。

米英戦争（一八一二〜一四年）以後のアメリカは、ヨーロッパ大陸から三千マイル離れていたために、安全保障を無償で享受できた。そのことも孤立主義を保つことができた理由の一つである。

しかし歴史は、アメリカのそうした選択を許してくれなかった。アルフレッド・セイヤー・マハン（一八四〇～一九一四年＝アメリカ海軍大学校長、「シーパワー」の概念を提唱し、列強の海軍戦略に大きな影響を与えた）は、一八九〇年に著した『海上権力史論』において、アメリカは経済成長の結果、外の世界にたいするかかわり方を変えねばならないと主張した。建国の精神に反することになっても、海外に勢力範囲を広げようという現実的な対応である。しかし、それは主流とはなりえなかった（中西輝政『アメリカ外交の魂』集英社）。

一九一四年に始まった第一次世界大戦では、交戦している国とは同盟関係がなく、国益に直接的な影響がなかったアメリカは、中立を宣言した。しかしアメリカ人が乗っていたイギリスの客船ルシタニア号がドイツのUボートに撃沈されたことなども原因となって、アメリカはその二年後、ドイツに宣戦を布告する。そして戦争終結後は、パリ講和会議の調停役を担うことになった。

このときアメリカ大統領ウィルソンは、国際連盟の創設を提案し、世界史上初めて、国際機構による平和の維持という理想を具体化させたのである。そうしたウィルソンの理想は、牧師を父にもつ敬虔な信仰心に支えられていた。

こうして、いわゆるベルサイユ体制が成立するが、領土分割では、戦勝国のイギリス、フランスの二カ国の利益を優先させ、さらにドイツに過酷な賠償金を課したため、勢力の均衡を欠くことになった。また民族自決の方針は、東ヨーロッパに小さな民族国家を乱立させ、政治的な不安定をもたらすことになった。このときロシアでは、すでに革命政権が樹立されていた。

ウィルソンの理想主義は、破綻に近づいていた。一九一九年、ベルサイユからもどったウィルソンに、アメリカ上院議会が突きつけた結論は、国際連盟への不参加とベルサイユ条約の批准拒否だった。アメリカの理想は正しいが、ヨーロッパの紛争には巻き込まれたくないというのが、国民の意思表示だったのである。孤立主義への回帰であった。

一九二九年に始まった世界恐慌は、ヨーロッパの復興を支えてきたアメリカの好況に打撃を与え、ドイツにおいてナチスの台頭をうながすことになった。一九三三年にはヒトラーがドイツの首相となり、領土拡張の野心を見せはじめる。二〇年代から政権の座にあったムッソリーニ率いるイタリアも、一九三五年にエチオピアに侵攻、一九三八年には、ナチスドイツがオーストリアとの合併を行った。

日本、ドイツ、イタリアは、あいついで国際連盟を脱退、「アメリカは自由の理念を世界に広めるという特別な使命をもつ」と宣言したウィルソンの理想は、ここにいたって、挫折をよぎなくされることになる。

一九四一年の日本の真珠湾奇襲攻撃は、アメリカ外交に決定的な変更をせまることになった。いまや孤立主義を捨て、自分たちの信じる独立宣言や憲法にうたわれたアメリカの価値観を世界に広げなければならない——理想主義の追求が、はっきりと外交にもちこまれたのは、このときからである。以来、今日まで民主党であれ、共和党であれ、アメリカは、パクス・アメリカーナ（アメリカによる平和）を基本的に信じ、主張してきたのである。

アメリカ保守の自信はどこから来ているのか

自由と民主主義を広げようという使命感に加え、アメリカは、一国で世界の軍事費の四〇パーセントを占めるという比類なきパワーをもっている。

ネオコンの代表的論客の一人、ロバート・ケーガンは、ヨーロッパとアメリカの世界観の違いについて、著書『楽園と力について』（邦題『ネオコンの論理』）のなかで、十七世紀のイギリスの法哲学者トマス・ホッブズの著書『リヴァイアサン』をとりあげて、アメリカの力を説明している。『リヴァイアサン』には次のような一節がある。

人間は生まれつき自己中心的で、その行動は欲望に支配されている。人間社会がジャングルのような世界であれば、万人の自然の権利である私利私欲が激突しあい、破壊的な結末しか生まない。そんな「自然状態」のなかの人間の人生は、孤独で、貧しく、卑劣で、残酷で、短いものになる。だから人々は、互いに暴力を振るう権利を放棄するという契約に同意するだろう。しかし、そうした緊張状態では、誰かがいったん破れば、またもとの自然状態に逆戻りしかねない。人間社会を平和で、安定したものにするには、その契約のなかに絶対権力を持つ怪物、リヴァイアサンが必要なのだ。

ロバート・ケーガンは、このリヴァイアサンこそがアメリカの役割であり、そのためには力をもたなくてはならないという。そして力の行使をけっして畏れてはならない。ヨーロッパはその力の蓄積を怠ったがゆえに、結局アメリカに頼るしかなくなったのだ、ヨーロッパが国際機関の下で、「平和」というカント的世界に安住できるのは、アメリカが、ホッブズのいう「自然状態」に対処しているからだ、と。

一九八〇年代、アメリカに対する強い愛着と敬虔な信仰心の持ち主であったレーガン大統領は、ソビエト連邦を「悪の帝国」といい放ち、ソ連の核脅威にたいして、それをしのぐ戦略で立ち向かった。アメリカ本土を攻撃するソ連の核ミサイルを、レーザー兵器などによってすべて途中で撃ち落とすという防衛計画（SDI＝戦略防衛構想）もそのひとつだった。そんな夢物語みたいなことは、できはしない。人びとは、揶揄《やゆ》をこめて〝スター・

ウォーズ計画〟と呼んだ。

　この計画には膨大な予算が必要だったが、アメリカ国民は、「国民を人質にとる核抑止戦略は不道徳であり、自由の国アメリカが、けっして恐怖にさらされることがあってはならない」というレーガンの言葉を支持した。ソ連はこれに対抗しようとするが、巨額の軍事費の出費に耐えられなくなり、とうとう財政は破綻、崩壊の道をたどっていった。東西冷戦の終結である。

　レーガンは、最後にはソ連のゴルバチョフ書記長との間で中距離核戦力全廃条約（INF協定）を結ぶことになるが、アメリカの力による勝利は歴然だった。このことについて、異議を唱えるものは、一部のリベラルを除いて、いまのアメリカにはほとんどいない。レーガンの勝利は、そのままアメリカの保守主義者たちの大きな自信になったのである。

　かれらは、ソ連社会主義の崩壊を目の当たりにして、自分たちの主張の正しさを確信したのだった。ネオコンもおなじだった。ただ、かれらが従来の保守主義者と少し違うのは、もともとリベラルだったために社会改革、とりわけ政府の関与について、はっきりしたビジョンをもっている点であろう。

リベラルが穏健というわけではない

とはいうものの、現在のアメリカの外交には二つの考え方があるのはたしかだ。

一つは、二十一世紀のグローバル化した時代には、アメリカのスーパーパワーをもってしてもコントロールできない問題がつぎつぎに起きるから、軍事力のみに頼らず、他国を魅了する政治的イニシアティブを発揮するなどして、国際的な協調に外交の比重を置こうという意見だ。かつてクリントン民主党政権で国防次官補をつとめたジョセフ・ナイに代表される、いわゆる国際協調主義の発想である。

もう一つが、混沌の時代だからこそ、世界の安定の基礎には、アメリカの軍事力が不可欠なのであり、アメリカと利益の相反する国と妥協することは、国益を損なうばかりか、世界を不安定に導く。だからアメリカは、超大国の地位を長く保ち、必要に応じて行動しなければならず、それが世界の安定につながるのだ、とする単独行動主義である。しかしどちらも、アメリカの理念を信じ、アメリカは世界のなかで絶対的に優位な立場を保つべきであるという点では、その価値観に決定的な違いはない。

日本には、アメリカの民主党はソフトで、共和党のほうが強硬だというイメージをもっている人がよくいるが、それは歴史的にみれば大きな誤解だ。

ケネディ大統領は一九六一年一月、就任演説で、

「我々に好意を持つ者であれ、敵意を持つ者であれ、すべての国をして次のことを知らしめよ。我々は自由の確保とその勝利のためには、いかなる代償も支払い、いかなる負担も厭わず、いかなる困難にも進んで直面し、いかなる友人も助け、いかなる敵とも戦う、ということを」

といった。

ブッシュ大統領がこれと同じことをいえば、おそらく「何と好戦的な」といわれるだろう。ケネディは、リベラルの代表格であり、民主党出身の大統領である。アメリカの大統領は、表現こそ違え、じつは代々、同じような主張をしているのである。

アメリカの民主主義の論理とは

アメリカは、「なんぴとも生まれながらにして平等であり、誰でも生存と自由と幸福を追求する権利を神から与えられている」という理念を信じる個々人の、合意のうえでつくりだされた国である。だから、かれらが正統だと考える民主主義とは、そこに住まう個々人が納得して決めた権力や制度であって、それ以外の方法でつくりだされたシステムは無

効だと考えるのだ。

アメリカという国には、日本のように百二十五代にわたって天皇を戴《いただ》いてきたという歴史があるわけではない。また、ヨーロッパの国々のように、長い間王権に支配されていたこともない。日本やヨーロッパとは、成り立ちがそもそも違うのである。その意味では、アメリカは、つとめて人工的な国家であり、しかも建国から二百年すこししか経っていないことを考えれば、成功した〝実験国家〟だといってもよい。

憲法前文に示されたアメリカの意志

占領軍のマッカーサー最高司令官は、敗戦国日本の憲法を制定するにあたって、天皇の存置、封建制を廃止すること、戦争を永久に放棄させることの三つを原則にした。

とりわけ当時のアメリカの日本にたいする姿勢が色濃くあらわれているのが、憲法九条の「戦争の放棄」の条項だ。アメリカは、自らと連合国側の国益を守るために、代表して、日本が二度と欧米中心の秩序に挑戦することのないよう、強い意志をもって憲法草案の作成にあたらせた。

そして「国家主権の発動としての戦争」「紛争を解決する手段としての戦争」はもとよ

り、「自国の安全を守るための戦争」まで放棄させようとしたのである。また、戦力を保持することはもちろん、交戦権すら認めるべきでないと考えた。
かわりに担保として与えられたのが、憲法前文の、
《平和を愛する諸国民の公正と信義に信頼して、われらの安全と生存を保持しようと決意した》
というくだりだ。つまり、日本国民の安全と生存は、諸外国を信用してすべてを委ねよ、というわけである。まさに憲法第九条の〝枕詞〟になっている。
憲法前文には、敗戦国としての連合国に対する〝詫び証文〟のような宣言がもうひとつある。
《われらは、平和を維持し、専制と隷従、圧迫と偏狭を地上から永遠に除去しようと努めてゐる国際社会において、名誉ある地位を占めたい》
という箇所だ。
このときアフリカはもちろん、ほとんどのアジア諸国はまだ独立していないから、ここでいう《専制と隷従、圧迫と偏狭を地上から永遠に除去しようと努めてゐる国際社会》とは、おもに連合国、つまりアメリカをはじめとする列強の戦勝国をさしている。というこ

とは、一見、力強い決意表明のように見えるが、じつは、これから自分たちは、そうした列強の国々から褒めてもらえるように頑張ります、という妙にへりくだった、いじましい文言になっている。

前文にちりばめられた「崇高な理想」や「恒久の平和」という言葉には、アメリカがもつ自らの理想主義を日本で実現してみせようとする強い意志がかいま見える。この憲法草案は、ニューディーラーと呼ばれた進歩的な若手のGHQ（連合国軍総司令部）スタッフによって、十日間そこそこという短期間で書き上げられたものだった。

〝戦力なき軍隊〟の矛盾

さて、当時、草案づくりにあたった民政局ですら首をかしげたといわれる憲法第九条の規定は、いっぽうで独立国としての要件を欠くことになった。

一九五〇年に朝鮮戦争が勃発し、アメリカの占領軍が朝鮮半島に展開すると、マッカーサー司令官は、手薄になった日本にソ連が侵攻してくるのを心配して、日本政府に防衛のための部隊の創設を要求した。ただちに警察予備隊が組織されたが、表向きは、国内の治安維持のためだった。

一九五一年、日本はサンフランシスコ講和条約に調印し、主権を回復、正式に独立した。だが同時に日米安保条約が結ばれると、こんどは国会で、この戦争放棄を定めた憲法九条についての論争が起きる。警察予備隊は、憲法で禁じた「戦力」ではないか、という議論である。

敗戦のショックと戦前の国家にたいする国民のアレルギーは、戦争に対する深刻な反省とあいまって、予想以上に大きなものだったのだ。予備隊の設置が連合国軍の指令によるものだったにもかかわらず、憲法に忠実であるべきだという反応のほうが強かった。

翌年、警察予備隊が、保安隊に改組されたとき、吉田内閣は、

「憲法でいう『戦力』とは、近代戦争が遂行できる装備や編成を備えているものをさす。保安隊はもともと警察であって、この程度の実力のものは、戦力とはいわない。これを侵略からの防衛に使うことは、違憲ではない」

と説明した。しかしこの矛盾に満ちた無理な説明は、後に日本の安全保障にとって大きな障害となる可能性をはらんでいた。五三年、吉田茂首相は、国会の自衛隊創設をめぐる質疑のなかで「戦力を持つの軍隊にはいたさない」と答弁した。有名な〝戦力なき軍隊〟の誕生である。

五四年、保安隊に代わって自衛隊が発足すると、政府は、「自国に対して武力攻撃が加えられた場合、国土を防衛する手段として武力を行使することは、憲法に違反しない」、さらに、憲法第九条第二項が禁じている「戦力」についても、「自衛のための必要最小限度を超えるものであって、それ以下の自衛力は、戦力ではない。したがって自衛隊は違憲ではない」という見解を明らかにする。以降、歴代の政府は、自衛隊の存在と憲法との整合性を憲法の解釈によって、うまく成り立たせようとしていくのである。

講和条約といっしょに締結された旧日米安保条約には、「自国の防衛のため漸増的に自ら責任を負うことを期待する」と、日本の努力目標まで明記されていたが、実際は、逆の道をたどることになった。なぜなら、創設当初から、外国からの侵略など有事のときに対処するのは米軍であって、自衛隊は、おもに国内の治安維持にあたるという、米軍の補完的な役割しか与えられていなかったからだ。

日本とドイツ、それぞれの道

このとき与党の自由党のなかには、「独立国として、占領軍から押し付けられたものではない、自前の憲法をつくるべきである」、また、「国力に応じた最小限度の軍隊をもつのは当然で、自衛隊を軍隊として位置づけるべきだ」と主張する人たちがいた。その思いは、もうひとつの保守政党、民主党も同じだった。ともに戦後体制からの脱却を目指していたのである。

一九五五年の保守合同（自由民主党の成立）は、まさにこの目的を実現するためだったが、このときの日本は敗戦からまだ十年しかたっていない。経済力の回復が最優先だった。しかしその選択は、いっぽうで、国家にとってもっとも大切な安全保障についての思考をどんどん後退させてしまった。経済成長と軽武装路線——それはとりもなおさず、自国の安全保障のほとんどをアメリカに委ねるという選択であった。

戦後日本は、軍事費をできるだけ少なく抑え、ほかの投資にふりむけてきたからこそ、今日の発展がある、というのがほぼ定説となっている。たしかに戦争で破壊されたインフラ整備に国家資源を集中することはできた。しかしいっぽう、戦後、相当の軍事費を費やして重武装した旧西ドイツも、日本同様経済発展をとげているのである。

戦争に負けたドイツは、戦勝国の米・英・仏・ソ連によって分割されて占領統治されるが、一九四九年、自由主義国である米・英・仏の三国の占領地が西ドイツ（ドイツ連邦共和国）として再出発すると、一九五五年、主権回復と同時に国防軍を創設し、軍事同盟である北大西洋条約機構（NATO）に加盟した。そればかりか、西ドイツは、東西統一までに三十六回も基本法（憲法）を改正し、そのなかで徴兵制の採用や非常事態に対処するための法整備までおこなっている。

いうまでもなく米ソの冷戦の最前線にあって、ソ連社会主義の脅威にさらされていたからだった。西側諸国の要請もあった。

戦後西ドイツの初の首相になったアデナウアーは、一九五〇年の連邦議会で、次のように述べた。

「皆さん、健全な感覚を持つドイツ人ならばすべて、みずからのふるさと、みずからの自由を守ることは、避けられないきまりごとであるはずです」

そこには、つねに外敵と接してきた国民の、軍隊にたいする考え方の基本的な違いがあった。さらにアデナウアーは、国民に残る軍隊アレルギーを払拭するため、一九五二年、同じ連邦議会で次のような演説をおこなった。

「わたしは本日、議会にたいし、連邦政府の名において宣言いたします。高貴な軍の伝統にもとづき、地上や海上あるいは空で戦ったわれらの兵士すべてを、われわれは賞賛する。ドイツ軍人の名声と偉大な功績は、過去数年間に、あらゆるそしりを受けましたが、それでもなお生きつづけているし、さらに生きつづける、そうわれわれは確信しているのです。さらに、われわれはそれを解決できるとわたしは信じているのでありますが、われわれは共通の使命として、ドイツ軍人の道徳的価値を民主主義と融合させねばならないのです」

いまも残る徴兵制度は、職業軍人の暴走を防ぐために、軍隊を「制服を着た市民」からなるものにしておく、というのが理由のひとつだといわれる。西ドイツのテオドール・ホイス初代大統領は、「国防の義務は民主主義の正統な子である」といった。もちろん民主主義国として「良心的忌避」の権利が担保されている。

ひるがえって日本の戦後はどうだったろうか。安全保障を他国にまかせ、経済を優先させることで、わたしたちは物質的にはたしかに大きなものを得た。だが精神的には失ったものも、大きかったのではないか。

日本では、安全保障について考えることは、すなわち軍国主義であり、国家はいかにあるべきかを考えることは、国家主義だと否定的にとらえられたのである。それほど戦前的なものへの反発は強く、当時の日本人の行動や心理は屈折し、狭くなっていった。

なぜ日米同盟が必要なのか

一九六〇年の日米安保条約改定のときの交渉が、現在ようやく明らかになりつつあるが、そのいじましいばかりの努力は、まさに駐留軍を、占領軍から同盟軍に変える、いいかえれば、日本が独立を勝ち取るための過程だったといってよい。しかし同時に日本は、同盟国としてアメリカを必要としていた。なぜなら、日本は独力で安全を確保することができなかったからである。

その状況はいまも変わらない。自国の安全のための最大限の自助努力、「自分の国は自分で守る」という気概が必要なのはいうまでもないが、核抑止力や極東地域の安定を考えるなら、米国との同盟は不可欠であり、米国の国際社会への影響力、経済力、そして最強の軍事力を考慮すれば、日米同盟はベストの選択なのである。

さらに確認しておかなければならないのは、今日、日本とアメリカは、自由と民主主義、人権、法の支配、自由な競争——市場経済という、基本的な価値観を共有しているという点だ。それは、世界の自由主義国の共通認識でもある。

では、わたしたちが守るべきものとは何か。それは、いうまでもなく国家の独立、つまり国家の主権であり、わたしたちが享受している平和である。具体的には、わたしたちの生命と財産、そして自由と人権だ。もちろん、守るべきもののなかには、わたしたち日本人が紡いできた歴史や伝統や文化がはいる。それを誇りといいかえてもよいが、それは、ほかのどこの国も同じで、国と国との関係においては、違う歴史を歩んできた国同士、おたがいに認めあい、尊重しあって信頼を醸成させていくことが大切なのである。

〝行使できない権利〟集団的自衛権

日米同盟の軍事同盟としての意味についてだが、安保条約の第五条にはこうある。

「各締約国は、日本国の施政の下にある領域における、いずれか一方に対する武力攻撃が、自国の平和及び安全を危うくするものであることを認め、自国の憲法上の規定及び手続に従って共通の危険に対処するように行動することを宣言する」

しかしわが国の自衛隊は、専守防衛を基本にしている。したがって、たとえば他国から日本に対してミサイルが一発打ち込まれたとき、二発目の飛来を避ける、あるいは阻止するためには、日本ではなく、米軍の戦闘機がそのミサイル基地を攻撃することになる。いいかえればそれは、米国の若者が、日本を守るために命をかけるということなのである。

だが、条約にそう規定されているからといって、わたしたちは、自動的に、そうするものだ、そうなるのだ、と構えてはならない。なぜなら命をかける兵士、兵士の家族、兵士を送り出すアメリカ国民が、なによりそのことに納得していなければならないからだ。そのためには、両国間に信頼関係が構築されていなければならない。

キッシンジャー元国務長官は、「同盟は『紙』ではなく『連帯感』である」といった。信頼に裏打ちされた連帯感。それがない条約は、ただの紙切れにすぎないという意味である。

現在の政府の憲法解釈では、米軍は集団的自衛権を行使して日本を防衛するが、日本は集団的自衛権を行使することはできない。

このことが何を意味するかというと、たとえば、日本の周辺国有事のさいに出動した米軍の兵士が、公海上で遭難し、自衛隊がかれらの救助にあたっているとき、敵から攻撃を受けたら、自衛隊はその場から立ち去らなければならないのである。たとえその米兵が邦人救助の任務にあたっていたとしても、である。

双務性を高めることは、信頼の絆を強め、より対等な関係をつくりあげることにつながる。そしてそれは、日本をより安全にし、結果として、自衛力も、また集団的自衛権も行使しなくてすむことにつながるのではないだろうか。

権利があっても行使できない――それは、財産に権利はあるが、自分の自由にはならない、というかつての〝禁治産者〟の規定に似ている。

日本は一九五六年に国連に加盟したが、その国連憲章五十一条には、「国連加盟国には個別的かつ集団的自衛権がある」ことが明記されている。集団的自衛権は、個別的自衛権と同じく、世界では国家がもつ自然の権利だと理解されているからだ。

いまの日本国憲法は、この国連憲章ができたあとにつくられた。日本も自然権としての集団的自衛権を有していると考えるのは当然であろう。権利を有していれば行使できると考える国際社会の通念のなかで、権利はあるが行使できない、とする論理が、はたしていつまで通用するのだろうか。

行使できるということは、行使しなければならないということではない。それはひとえに政策判断であり、めったに行使されるものではない。ちなみに一九四九年、国連憲章にもとづいて発足したアメリカとヨーロッパ諸国による北大西洋条約機構では、集団防衛機構であるにもかかわらず、集団的自衛権は五十年間一度も行使されたことがなかった。行使されたのは、九・一一米国同時多発テロのあとのアフガン攻撃がはじめてである。

〝交戦権がない〟ことの意味

軍事同盟とは、ひとことでいえば、必要最小限の武力で自国の安全を確保しようとする知恵だ。集団的自衛権の行使を担保しておくことは、それによって、合理的な日本の防衛が可能になるばかりか、アジアの安定に寄与することになる。またそれは結果として、日本が武力行使をせずにすむことにもつながるのである。

アメリカのいうままにならずに、日本はもっといいたいことをいえ、という人がいるが、日米同盟における双務性を高めてこそ、基地問題を含めて、わたしたちの発言力は格段に増すのである。

もうひとつ、憲法第九条第二項には、「交戦権は、これを認めない」という条文がある。これをどう解釈するか、半世紀にわたって、ほとんど神学論争にちかい議論がくりかえされた。

どこの国でももっている自然の権利である自衛権を行使することによって、交戦になることは、十分にありうることだ。この神学論争は、いまどうなっているか。明らかに甚大な被害が出るであろう状況がわかっていても、こちらに被害が生じてからしか、反撃ができないというのが、憲法解釈の答えなのである。

たとえば日本を攻撃するために、東京湾に、大量破壊兵器を積んだテロリストの工作船がやってきても、向こうから何らかの攻撃がないかぎり、こちらから武力を行使して、相手を排除することはできないのだ。わが国の安全保障と憲法との乖離《かいり》を解釈でしのぐのは、もはや限界にあることがおわかりだろう。

「大義」と「国益」

二〇〇三年十一月の特別国会の予算委員会で、日本政府がイラクに自衛隊を派遣するにあたって、私は、小泉総理にこう質問した。

「イラクが危険な状況にあるかないかはまずおいて、最高司令官である総理は、国民と自衛官、そしてそのご家族に、この派遣は、日本という国家にとってどんな重要な意義があるのか、つまり『大義』をしっかりと説明する必要があるのではないか」

というのも、このとき、ともすると多くの国民に、日本はアメリカにいわれて、いやいやながら自衛隊を派遣するのではないか、と思われていたからだ。

では、自衛隊派遣の大義とは、なんだったのか。

第一に、国際社会が、イラク人のイラク人によるイラク人のための、自由で民主的な国をつくろうと努力しているとき、その国際社会の一員である日本が貢献するのは当然のことであり、それは先進国としての責任である。イラクが危険な状況にあるかないかが問題だ、という人がいるが、自衛隊は、戦闘にいくのではない。給水やインフラ整備などの人道・復興支援にいくのである。治安が悪化しているのだったらなおのこと、日ごろから訓練をつんでいる自衛隊にこそ可能なのではないか。

第二に、日本は、エネルギー資源である原油の八五パーセントを中東地域にたよっている。しかもイラクの原油の埋蔵量は、サウジアラビアについで世界第二位。この地域の平和と安定を回復するということは、まさに日本の国益にかなうことなのである。

二〇〇三年十二月九日、小泉総理は、イラク復興支援特別措置法にもとづいて自衛隊派遣の基本計画を閣議決定した。そして派遣の理由を、テレビカメラをとおして、直接国民に語りかけた。

自衛隊派遣は、けっしてアメリカの要請に諾々としたがったのではなく、日本独自の選択であり、内閣総理大臣自ら発した命令であることを印象づけることになった。

お金の援助だけでは世界に評価されない

自衛隊が初めて海外に派遣されたのは、湾岸戦争のあと停戦が発効した一九九一年四月のことである。ペルシャ湾にはまだイラクが敷設した機雷が数多く残っていた。日本のタンカーを含む各国の船舶は危険にさらされていて、その除去のためだった。

湾岸戦争では、クウェートに侵攻したイラクに対して国連決議による多国籍軍が派遣されたが、憲法上の制約から軍事行動のとれない日本は、参加しなかった。そこで、かわりに、と申し出たのが百三十億ドルという巨額の資金援助であった。

しかし、湾岸戦争が終わって、クウェート政府が「ワシントンポスト」紙に掲載した「アメリカと世界の国々ありがとう」と題した感謝の全面広告のなかには、残念ながら日本の名前はなかった。

このとき日本は、国際社会では、人的貢献ぬきにしては、とても評価などされないのだ、という現実を思い知ったのである。

ところが、日本と同じように軍事力の行使にきびしい枠をはめられているため多国籍軍に参加できなかったドイツは、停戦成立後、ただちに人道支援の名目で掃海部隊の派遣を決めていた。人的貢献の意味をわかっていたのだった。

機雷除去は、船舶が航行するための安全確保であって、武力行使を目的としていないことは明らかである。すでにアメリカ、フランスなど数カ国が掃海作業に当たっていたが、日本も遅ればせながら掃海艇部隊の派遣を決めた。それほどドイツの派遣決定の衝撃はおおきかった。

政府が海外派遣の根拠にしたのは、日本周辺の「船舶の航行の安全確保」を目的につくられた、自衛隊法第九十九条の「海上自衛隊は、長官の命を受け、海上における機雷その他の爆発性の危険物の除去及びこれらの処理を行うものとする」という規定だった。

もちろん野党は、こぞって反対である。「なし崩し的に海外派兵につながる」というのがその理由だ。社会党は、当時、自衛隊の存在を憲法違反としているにもかかわらず、まず自衛隊法を改正すべきだと、理解に苦しむ議論を展開していた。

日本は、戦後ただの一度も武力行使をおこなったことはない。機雷除去がどうして武力行使の危険のある海外派兵になるのだろうか。しかも日本は、終戦直後に、周辺海域の機雷一万個を掃海した実績があって、掃海では世界でも一級の技術をもっているのだ。

賛否うずまくなか、掃海艇四隻、母艦、補給艦各一隻のペルシャ湾掃海艇部隊がようやく組織され、五百十一人の自衛隊員によって、九十九日間にわたる機雷除去作業が行われた。この結果、日本は三十四個の機雷を処理するという成果をあげることになった。

自衛隊が独自に戦線を拡大したか

こうして私たちは、憲法の許す範囲で、目に見える、人的国際貢献のありかたをせいいっぱい模索してきた。一九九二年六月、ＰＫＯ協力法（国連平和維持活動等に対する協力法）の成立は、まさにそのターニングポイントになるものだった。

周知のようにＰＫＯとは、国連の主導で紛争地域の平和維持にあたる要員を派遣することである。この法律の成立によって、わが国の自衛隊は、紛争地域の監視や紛争の仲裁、治安回復、復興に参加することができるはずであった。

しかし派遣に際しては、きびしい枠がはめられた。日本が参加するにあたっては、①紛争当事者の間で停戦合意が成立していること、②紛争当事者がＰＫＯ活動と日本の参加に同意していること、③中立な立場を厳守すること、④これらの原則がひとつでも満たされなくなった場合は即時撤収する、という縛りのほか、⑤自衛のための武器使用は必要最小限にする、という条件も加わった。いわゆる「ＰＫＯ参加五原則」である。

ところが、ここでも当時の社会党や共産党をはじめ多くのマスコミは、このＰＫＯ法を、憲法違反であり、侵略戦争への道を開くものだと非難した。あれから十四年たったいま、ＰＫＯへの参加は、都合九回（二〇〇五年十一月現在）におよぶが、はたして日本は侵略戦争への道をたどっているだろうか。自衛隊が独自に戦線を拡大していくようなことをしただろうか。

武器使用を制限されて海外へ

自衛隊が初めてPKOに参加したのは、PKO協力法成立の三カ月後の九二年九月、派遣先はカンボジアだった。七九年に誕生したヘン・サムリン政権と、ポル・ポト派など三派との間に和平合意が成立し、十二年におよぶ内戦は終わりを告げた。国連カンボジア暫定統治機構（UNTAC）の監視の下で、民主的な選挙がおこなわれることになった。

国際平和協力業務には、大きく分けて、停戦状況や武装解除の監視、放棄された武器の収集や処理などの「平和維持活動」と、輸送や補給、あるいは道路や橋の補修といった「後方支援」がある。しかし法案審議の過程で、前者の業務は、いわゆる本隊業務、つまりPKF（平和維持隊）にあたり、きわめて危険であるとして、凍結されてしまっていた。

国際協力を行うかどうかという国会審議のとき、わが国ではかならずといっていいほどでるのが、自衛隊の海外派兵は禁じられているのだから、自衛隊と切り離した、文民を主体とする別の組織をつくるか、どうしてもというのなら、軍事行動をともなわない民生部門に限る、という議論である。このときもそうだった。停戦がとりあえず成立したとはいえ、武装解除も完全に行われておらず、硝煙冷めやらぬカンボジアで、危険がない活動など可能だろうか。

国論を二分する議論の末、日本は、自衛隊の施設部隊六百人の派遣を決定、UNTACの指揮下に入って、国道の補修工事の任務に当たることになった。

じっさい、日本の施設部隊は、任務こそ後方支援だったが、所属したのは、UNTACの軍事部門だった。選挙監視員の安全を確保するため、国道の舗装工事を中断して、投票所の巡回に行くこともあった。

常識でいえば、いつ、ポル・ポト派の武装勢力が襲ってくるかもしれないから、隊員の安全のために、十分な武器を持たせようというのがふつうだが、国会で野党からは、そうした意見は、ついぞ聞かれなかった。

自衛隊が日本人を守れない現実

幸い自衛隊員には被害はなかったが、ほかに犠牲者が出た。このとき政府は、自衛隊とは別に、民間ボランティアの選挙監視員と、現地の警察に助言や指導を行う、いわゆる文民警察官を派遣していた。九三年四月に、選挙監視員の中田厚仁さんが何者かに射殺され、つづいて五月には、文民警察官の高田晴行警部補が武装グループの襲撃をうけて死亡したのだ。

文民警察官たちは、停戦合意が守られているという理由から、丸腰で派遣されていたのだった。

ではなぜ、プロである自衛隊員も、彼らを守ることができなかったのか。ＰＫＯ法では、武器使用が自衛の場合以外は禁じられているので、警護の任務はできないことになっている――これが当時の内閣法制局の解釈である。

政府は、自衛隊派遣についての憲法上の議論はあったが、文民に対する安全の配慮に欠けていたと反省した。その安全の配慮とは、武器使用が武力行使になる危険のある場合には、ＰＫＯの参加を中断するか、あるいは撤収するというものだった（一九九一年十二月四日、参院本会議）。

武装解除が完全に行われていないなか、各国が和平の実現に向けて、危険と背中合わせになりながら汗を流しているのに、武力行使は憲法で禁じられているからといって、日本だけが中断や撤収することができるのだろうか。憲法という制約を逆手にとって、きれいな仕事しかしようとしない国が、国際社会の目に、ずるい国だと映っても不思議はない。

カンボジアの治安状況が悪化するなか、陸上幕僚長は、「なぜ自衛隊が日本人を守ることができないのか」と悩む隊員に、知恵を絞ったすえ、武器使用の規定が「自己と共に現場に所在する他の隊員」としているところに目をつけて、「施設部隊が補修する道路や橋についての情報収集は、当然の任務。その途中で投票所に立ち寄ったとき、そこにいる監視員は『共に所在する隊員』の範疇に入る」と、指示したという。

実際、国会の議論と現地の実情は、大きく乖離していた。銃を持っていると、敵とみなされてかえって危険、だとか、機関銃は、二挺では軍事活動になるから、一挺にせよ、とか、およそ情緒的な議論だった。機関銃というのは、一挺では百八十度しかカバーできない。二挺装備してはじめて、後ろも前も三百六十度カバーできるものなのである。

制限だらけの自衛隊の行動基準

こうした自衛隊に対する国民の考え方も、国際情勢の激変とあいまって、大きく変わってきた。二〇〇一年十二月には、ＰＫＯ協力法が改正され、凍結されていたＰＫＦ（国連平和維持隊）への参加が解除された。これで、これまでの後方支援から停戦や武装解除の監視、あるいは放棄された武器の収集、処分といった幅広い国際協力が可能になった。また、カンボジアの苦い経験から、武器使用の制限も、正当防衛の範囲内で緩和された。従来、〝自分または自分といっしょに現場にいる他の隊員が危険にさらされた場合〟しか、武器使用が許されなかったものが、近くにいる外国のＰＫＯ要員や被災民、政府の要人や新聞記者、ボランティアなども「自己の管理下」に入ったとみなして防御できるようになった。車両や物資が襲撃を受けた場合も同様である。ただし、自衛隊の活動地域に不法に侵入する者に対しては、威嚇射撃をしたり、銃を向けたりすることはできないことになっている。

外国の軍隊では、当然のこととして認められていることが自衛隊では認められない。外国の軍隊の基準が、国際法の範囲内で「これはやってはいけないが、ほかはよい」ということを決めたネガティブリストであるのにたいし、自衛隊の基準は、「ほかはだめだが、これだけはしてもよい」というポジティブリストである、とよくいわれるのは、日本は憲法の拘束がきつく、政策判断の余地がほとんどないためである。

自衛隊をめぐる議論が変わった

二〇〇三年七月、日本は、イラク戦争後の復興支援のために、特措法（イラク人道復興支援特別措置法）を成立させた。戦争は終結したとはいえ、国内の治安が安定していないイラクで支援活動をおこなうには、自衛隊をおいてほかにはない。

派遣にあたっては、さまざまな議論があったが、わたしが、時代が大きく変化してきたな、とつくづく感じたのは、自衛隊の派遣地域が戦闘地域かどうか、という国会論戦がおこなわれたころである。

自衛隊をイラクに派遣するときには、むしろ「危険な目にあうのではないか」と、自衛隊に温かい目をむける人のほうが大勢を占めた。この結果、サマーワには、きちんとした装備で行くことができた。その意味では、自衛隊をめぐる議論は、この十年を経て、成熟過程に入ってきたといえる。

第五章　日本とアジアそして中国

なにが中国を発展させたのか

社会主義あるいは共産主義の究極の目的はなにかといえば、「結果の平等」、つまり、人民が力を合わせて貧富の差のない、平等な社会をつくろうというものだ。したがって、土地や生産手段は国が管理し、政治経済政策は、人民の代表である共産党が計画し、その指導のもとにおこなうというのが建前である。

中国では、一九五八年にはじまる農・工業の大増産政策＝「大躍進政策」が失敗し、また、六六年から七六年にかけて全土を席巻した「文化大革命」によって、その経済は長く停滞してしまっていた。ところが七八年、鄧小平時代にはいって、それまでのイデオロギー第一主義から経済を優先させる改革開放路線へと舵《かじ》を切ると、経済はしだいに伸張していった。

とりわけ八九年の天安門事件以降は、改革開放のスピードが加速した。九二年には、政治的には社会主義体制を保ちながら市場経済を導入するという「社会主義市場経済」が提起され、人民公社を廃止するとともに多くの国営企業を民営化し、外資の導入をはかった。人びとの間に競争原理が芽生えたおかげで、ノルマさえこなせばすむというようなかつての非効率な生産システムも、大きく改善されることになった。

鄧小平は、市場経済を徹底させる大号令「南巡講話」を発し、「先富論」を提唱した。先に豊かになれる人（地域）から豊かになり、豊かになった者は、貧しい層（地域）を導いていかねばならないという考え方だ。そしてそのとおり、経済特別区に指定された深圳《しんせん》や、天津、上海、広州など沿岸地域は急速に発展し、南巡講話のあとには、GDP前年比一五パーセント増という高成長を記録した。

かつては農民や労働者しかなれなかった共産党員に、資本家もなれるようになった。いいかえれば、社会主義の柱のひとつである「結果の平等」のかわりに「競争原理」を導入することによって、大きく経済発展をとげたのである。

ここ二十年の中国の成長率は、年平均およそ九パーセント。改革開放政策はみごとに成功したといってよい。

中国社会の理想と現実

しかし、急速な市場化は、必然的に効率の悪い国有企業の整理やリストラをともなわざるをえない。その結果、失業者が増大することになった。また市場化は、急速に発展する沿岸部と内陸部のあいだの地域格差、とりわけ都市と農村の格差をひろげてしまった。都市住民の所得は、農民のおよそ六倍という指摘もある。中国の全人口の七〇パーセント、九億人は農民である。「だれもが平等な社会」を実現するという共産主義の理想とは――経済は急成長したものの、多くの貧しい人たちの疑問は、日ましにふくらんでいるといわれる。

もうひとつ中国にとって頭の痛い問題に、急速な工業化による環境汚染がある。地球温暖化の原因であるＣO_2の排出量は、アメリカについで世界第二位だ。中国はいま、エネルギーを石油や天然ガスにシフトしようと努力しているが、それでもまだ需要の約七割が石炭で、このため二酸化硫黄の排出量は、世界最大である。また長江や黄河など七大水系の七割が重度の汚染にさらされているという報告もある。都市部の生活ごみは爆発的に急増し、内陸部の耕地の土壌も劣化がはげしい。

国民を豊かにするための経済成長を急げば急ぐほど、いっぽうで理想と現実との乖離が広がっていく。力強い経済成長を持続させる大胆な政策を推し進めるとき、国民を引っ張っていく精神的な目標が必要になる。残念なことに「反日」が、そうしたベクトルのひとつになったと指摘する人は多い。

自由と民主主義の六十年

二〇〇五年五月、わたしは自民党幹事長代理としてアメリカを訪問、多くの政府高官と会談をもった。このときは中国で起きた反日デモが話題になっていたせいか、日中関係についてたびたび質問されることになった。

わたしは、日中の長い歴史的な関係について説明した。そして、わたしたち日本人は歴史にたいしては、つねに謙虚でなければならないと考えているし、だから中国にたいして、すでに公式に謝罪を繰り返している、と話した。

ある高官はこういった。

「これまで中国の支柱のひとつであった『結果の平等』という哲学は、市場主義経済の導入によって失われつつあるが、いま、そのかわりの役割を果たしているのが、『経済成長』と『反日愛国主義』ではないか」

わたしは、小泉政権が日中関係をなんとか改善したいと考えている旨を伝え、反日デモの背景のひとつである日本の国連安保理常任理事国入りの問題や、中国における反日愛国教育の問題、そして反日教育を生み出すことになった構造的な問題など、両国の議論の食い違いについて説明した。

かれらの反応は、おどろくほど率直だった。

「そういう話は初めて聞いた。しかもたいへんわかりやすかった」

じつはアメリカの要人ですら、日中間に横たわる問題については、歴史問題をふくめて、あまり理解していなかったのである。でも、そういわれてみて、はっと気がついた。わたしたちはこれまで、戦後日本の民主主義の歴史を、欧米に向けて、いや、世界に向けてきちんと説明してきただろうか。

日本は、六十年にわたって自由と民主主義と基本的人権、そして法律の支配の下で、謙虚に国づくりと国際貢献に励んできた。その間、好戦的な姿勢など一度たりとも示したことはない。それなのに、国家間で何か問題が起きると、かつての戦争にたいする負い目から、じっとこらえて、ひたすら嵐の過ぎ去るのを待つという姿勢をとってきた。その結果、ともすると、あたかもこちらに非があるような印象を世界にあたえてきたのである。

たとえば、日本は過去の歴史の過ちについて中国に謝罪していないではないか、とよくいわれるが、ほんとうのところは、正式に二十回の謝罪をしている。正確にいうと、二〇〇五年のアジア・アフリカ会議で二十一回目だ。中国の経済発展に役立っているODA

(政府開発援助)による中国への援助は、借款をふくめると三兆円を超えている。

日本の隣国である中国と友好的な関係を保つことは、わたしたちにとって、経済上はもちろんのこと、安全保障上もきわめて重要である。

五年前、まだ中国の経済発展は日本経済にとって脅威であるといわれていたとき、小泉首相は「それは脅威ではなく、チャンスである」といった。実際、その後の日本の景気回復は、中国経済の成長によるところ大である。

いま経済において、日本と中国は切っても切れない「互恵の関係」にあるのは論をまたない。日本は中国に投資をすることによって、安価な労働力を手に入れ、製品をつくり、競争力を高めている。いっぽう中国は、日本の投資によって雇用を創出し、日本からいわゆる半製品(日本にしかできないものも多い)を輸入し、それを製品化して輸出し、外貨を獲得している。

ちなみに二〇〇四年、日本の対中貿易総額は、対米貿易総額を上回った。日本企業の対中直接投資額も、この年は四千九百億円と史上最高を記録。さらに二〇〇五年は前年比で一九・八パーセントも増加している。同じとき、諸外国の中国投資はマイナス〇・五パーセントだった。小泉政権がはじまった二〇〇一年以降、他国にくらべて日本の対中投資は大きく伸びたのである。まさに、われわれが進めてきた政策どおりの結果が出ているといってよいだろう。

さらに最近では、中国は「世界の工場」から、巨大かつ有望な「消費の市場」としての一面もみせはじめた。中国の経済成長は、あきらかに日本の成長につながっているのである。

日中関係は政経分離の原則で

こうした日本と中国の関係は、今後も続いていくことはまちがいなく、この互恵関係を政治問題によって毀損させることは、両国にとってマイナスにこそなれ、けっしてプラスにははたらかない。これからの日中関係を安定させるためには、できるだけ早く両国の間に、政経分離の原則をつくる必要があろう。

市場経済を選択し、WTO（世界貿易機関）に加盟すると、どの国もグローバルな市場におけるフェアな競争が担保されなければならない。WTOの協定には、「加盟国の貿易政策および貿易慣行について、いっそうの透明性を確保し、並びに理解を深める」ことを前提に、「関税その他の貿易障害を実質的に軽減」すること、また「国際通商における差別待遇を廃止するための相互的かつ互恵的な取り決め」として、「関税その他の課徴金以外のいかなる禁止または制限も新設し、または維持してはならない」とある。もしこうしたルールに抵触するようなことがおこなわれれば、それは世界ではリスクと認識されてしまう。

政治問題を経済問題に飛び火させない、あるいは政治的な目的を達成するために経済を利用することはしない。おたがいに経済的利益を大切にし、尊重するのである。この原則を共有することができれば、両国の関係悪化の歯止めになるし、抑止になる。

「中国専門家はだれもが中国と恋におちる」

日本がアジアのなかで、体制のちがう大きな国の隣に位置しているかぎり、さまざまな問題がおきるのは自明のことだ。だが、だからといって、けっして驚いたり、過剰に反応したりしてはならない。両国間におきた問題を冷静に、そして最小限にコントロールするよう、つとめることが大切なのである。

アメリカ議会の公聴会で、ただ一人、天安門事件を予測したある専門家が、わたしにこう語ったことがある。

「中国を冷徹に、かつ客観的に判断することはなかなかむずかしい。とくに中国専門家にとってはなおさらだ。なぜなら、中国は悠久の歴史と文化をもつ、きわめてチャーミングな国だからだ。エドガー・スノーばかりではない。多くの専門家は、恋におちる」

日中関係の開かれた未来

二〇〇四年から二〇〇五年にかけて、「抗日六十周年」をむかえた中国では、民衆の反日行動がはげしさをみせた。

二〇〇四年の夏、重慶でおこなわれたサッカーのアジアカップでは、日本チームにたいするはげしいブーイングが、やがて競技場外の暴動にまで発展した。二〇〇五年になると、こんどは中国沿岸部の各地で反日デモがおきる。四月に成都ではじまったデモは、北京、深圳、上海へと飛び火していった。

しかし、このとき日本では、多くの国民が反日デモに不快感を示していたにもかかわらず、中国国旗に火を放つような若者もいなかったし、衆をたのんで中国大使館に押しかけることもなかった。日本に滞在する中国人留学生たちがいじめられたという話もまったく聞かなかった。

反日デモが暴徒化したとき、「日本人は冷静にならなければならない」と叫んでいた評論家がいたが、わたしは「あなたこそ冷静になりなさい」といいたかった。

日本人は、昔から道徳を重んじてきた民族である。儒教から礼節を学び、仏教の禅からは自らを律する精神を、そして神道からは祖先を尊崇し、自然を畏怖するこころを学んできた。寛容なこころは、日本人の特質のひとつでもある。

たとえ国と国とで摩擦が起きようと、相手の国の人たちには、変わることなく親切に、誠実に接する。それこそが日本人のあるべき態度だし、わたしたちが目指そうとしている国のありかたに重なる。

これから中国とは、経済的にはいま以上に密接な互恵関係が築かれるに違いない。したがって、中国の留学生たちには、ほんとうの日本をもっと知ってもらいたい。ほんとうの日本を知る中国の学生が増えれば、日本にたいする理解も格段に深まるはずだからだ。そのためにも今後は、留学生の受け入れ枠を思いきって広げ、日本で勉強したいという中国の若者たちをもっと受け入れる努力をするべきだし、日本における就業機会をふやす努力が必要だ。

また、もっか中国で深刻化している環境問題にたいしても、わが国が経験し、培ったノウハウを積極的に提供していくべきであろう。中国は世界第二位のエネルギー消費国であるが、残念ながらエネルギー効率の現状はきわめてよくない。その点、日本の省エネルギー技術は先進国のなかでも抜きんでている。この分野の協力は、中国経済にとっても、また世界にとっても大切なテーマだ。

両国の問題はたがいにコントロールすべき

どの国もそうだが、国境を接している国同士は、たがいに問題が発生しやすいものだ。しかし、それをつねにコントロールしていくことが必要で、そうするためには、まず基盤となる経済関係をしっかりとさせ、協力関係を維持していかなければならないということはすでに述べた。

国が違えば歴史や文化も違ってくる。両国間に問題があるからといって、それらをすべてに波及させるというのは、どうだろうか。おたがいの違いは違いとして尊重することも必要ではないか。わたしたちは、たがいに問題をコントロールするためには首脳が直接会って話をすることがなによりも大切だという認識をもっている。

こうした状況は韓国も同じだ。日韓両国はいまや一日一万人以上が往来しているという重要な関係にある。日本は長いあいだ、韓国から文化を吸収してきた歴史をもつ。その意味では、韓流ブームはけっして一時的な現象ではない。

わたしは日韓関係については楽観主義である。韓国と日本は、自由と民主主義、基本的人権と法の支配という価値を共有しているからだ。これはまさに日韓関係の基盤ではないだろうか。

わたしたちが過去にたいして謙虚であり、礼儀正しく未来志向で向き合うかぎり、かならず両国の関係は、よりよいほうに発展していくと思っている。両国の基盤を強化するためにも、ＥＰＡ（経済連携協定）の締結を進めなければならない。

新しいアジア外交に向けて

いまわたしたちは、メキシコ、シンガポール、マレーシアに、タイ、フィリピンを加えた五カ国とＥＰＡをすすめている。これはＦＴＡ（自由貿易協定）の枠をこえて、投資、知的財産、労働市場の開放などについて、さらに連携を強化しようというものだ。

日本がもっとアジアに開かれた国になるためには、東南アジア、そして前述した韓国、南西アジアはもとより、地域としての台湾も視野に入れる必要があろう。

わたしたちが目指すのは、日本へ行って仕事がしたい、あるいは投資をしたい、と世界の多くの人たちに思われるような国、いいかえれば、だれにでもチャンスのある国であり、能力の活かせる国だ。

日本の国柄とその理想に共鳴して、子どもを日本で教育したい、あるいは日本人になりたいという人がいたなら、大きく扉を開かなければならない。それはとりもなおさず、日本のダイナミズムにつながるからである。

その点、日本社会は、自由と民主主義、そして基本的人権を尊重する社会であり、しっかりした法の支配の下にある。また、アジアの多くの国々とは市場経済という共通認識をもっている。

たとえばアジアの新しいパートナーとして、いまインドが注目されている。わたしが訪印したのは二〇〇五年三月だったが、そのあと小泉総理が訪れ、さらに日本経団連や若きベンチャー起業家などの訪印団がつづいた。

日、印、豪、そして米国と連携

インドの人口は現在十億人余りだが、将来はもっと増加して、いずれ十六億に達するといわれる。インドには勤勉で優秀な人たちが多く、IT分野ではアジアの先進国のひとつである。インドとの関係をもっと強化することは、日本の国益にとってもきわめて重要だ。

かつてわたしの祖父の岸信介がインドを訪問したとき、ネール首相が、来印を歓迎する群衆にむかって、「いままで宗主国のイギリスにはかなわないと思っていたが、日本は、日露戦争でロシアに勝った。わたしもインドの独立に一生を捧げる決心をした」と、演説したことがあるが、インドの世論調査では、親しみを感じる国のナンバーワンに、つねに日本があがる。

だが、残念ながら日本との交流は薄く、経済関係も希薄だった。いままでは〝片思い〟の関係にあったことは否めない。しかし、十年前、日中の貿易量が、香港をいれて日米を上回るとは誰も予想していなかったように、十年後に日印関係が日米、日中を上回ったとしても、けっしておかしくない。

アジアには、APEC（アジア太平洋経済協力会議）、ASEM（アジア欧州会合）、ASEAN（東南アジア諸国連合）プラス3（日中韓ASEAN首脳会議）、東アジアサミットと、日本が加わったマルチの会議が存在する。今後は六カ国協議が、北朝鮮の核問題対処の場から東アジア安保対話の場へと発展するかもしれない。また、アジア太平洋地域のエネルギー協力を促進するために、日・米・韓・中・印・露・ASEANなどによるアジア・太平洋エネルギー対話の新設も考えられるのではないか。

アジアの平和と安定、そして発展のためには、こうした協議の場が重層的に存在することはきわめて大切なことであり、それは同時に、「開かれたアジア」にもつながっていくことになる。

先に述べた親日的な民主主義国家インドと、二〇〇六年に日米豪閣僚級戦略対話を開催、成功させたオーストラリアは、自由、民主主義、基本的人権、法の支配といった普遍的価値を日本と共有している。

日米印豪四カ国（アジア・大洋州デモクラティックG3プラス・アメリカ）の首脳または外相レベルの会合を開催し、とりわけアジアにおいて、こうした普遍的価値観を他の国々と共有するためにいかに貢献し、協力しうるかについて、戦略的観点から協議をおこなうことができれば、それはすばらしいことだと思う。

日本は、そのためにリーダーシップを発揮する必要があろう。

また、中央アジアとの関係構築は、エネルギー戦略上、大変重要だ。さらには、西洋と東洋の接点に位置する親日国トルコとの戦略対話を視野に入れることによって、日本外交に新たな地平が開かれることになるだろう。

第六章　少子国家の未来

どこまでが国家の役割か

二〇〇四年（平成十六年）の国会は、「年金国会」と呼ばれた。保険料負担を増やし、高齢者への給付を引き下げる、というのが改革案の中身だったが、保険料を払っていない議員が続出したり、議員年金がやり玉に上がったりして、五年に一度の年金改革が大混乱に陥ってしまった。

年金の議論がいつも白熱するのは、社会保障費が、国家予算の四分の一を占めるからだ。十九世紀のドイツの社会主義者ラッサールは、福祉の面倒をあまりみず、国防と治安維持にしか税金を使わない国家を皮肉って「夜警国家」と呼んだ。

この「夜警国家」の対極にあるのが「超高福祉国家」である。つまり、夜警国家が「小さな政府」の極端な姿だとすれば、超高福祉国家は、自己負担をなくして、国がすべての面倒をみる「大きな政府」だということになる。大きな政府は、年金や医療費を国家が負担するので、当然ながら税金が高い。いつも福祉国家の代表選手のようにいわれるスウェーデンは、国民負担率（国民所得に対する税金と保険料の比率）がおよそ七割である。

アメリカに全米税制改革協議会という「税金をなるべく払いたくない」人たちの団体が

ある。そこの会長のグローバー・ノーキストという人は、「政府をバスタブに沈めて溺れさせるくらい小さなサイズにしたい」といった。

人口が九百万人ほどのスウェーデンとちがって、一億二千万人以上が生活し、しかもこれから未曾有の超高齢社会に突入するという日本では、超高福祉国家は、実現不可能である。かといって、バスタブに沈むほどの小さい政府にすべきでもない。

わたしの考える福祉のかたちとは、最低限度の生活はきちんと国が保障したうえで、あとは個人と民間と地方の裁量でつくりあげてもらうというものである。「セーフティネット」と「自己責任」が重視される社会だ。

憲法第二十五条には、「すべて国民は、健康で文化的な最低限度の生活を営む権利を有する」とある。では、「最低限度の生活」とは、具体的にはどの程度の暮らしのことをいうのか。

一九八七年（昭和六十二年）に札幌市で、離婚して三人の子を育てていた三十九歳の母親が餓死するという不幸なできごとがあった。

生活苦の窮状を福祉事務所に訴えたのに、生活保護を申請させてもらえず、子どもが見守るなか、ついに餓死にいたってしまったのだ。事件が報道された直後から、福祉事務所には抗議が殺到して、「福祉が人を殺した」とまでいわれた。

八〇年代の終わりといえばバブルの初期のことだ。日本中が飽食していた時代に、子をもつ母親を餓死させてしまうような社会保障制度とは、いったい何なのだ、国ははたすべき役割をはたしていないではないか、と多くの人が思ったにちがいない。

生活保護というのは、憲法でいう「最低限度の生活」を保障するための制度だが、その運用はたいへんむずかしい。その人が本当に生活に困っているのかどうか、厳密に審査をしないと、給付費が財政を圧迫するだけでなく、本人の自立につながらないからだ。なかには、働けるのに働けないふりをして不正に受給しようとする者もいる。だからといって審査を厳格にしすぎると、札幌の餓死事件のように、悲しいできごともおきかねない。

一九九一年には、福岡市の親子が提訴した「学資保険訴訟」というのがあった。

生活保護を受給している世帯が、子どもの高校入学に備えて郵便局の学資保険に加入した。生活を切りつめて月額三千円の保険料を払い続け、十四年後に四十五万円ほどの満期保険金を受け取った。

ところが福祉事務所が「保険契約は資産にあたる」と判断したため、満期保険金を収入と認定され、生活保護費をカットされてしまった。家族は怒って提訴した。

「生活保護世帯の子どもが進学するには節約してお金をためるしかない。高校進学率が九〇パーセントを超えているのに、われわれには進学の権利はないのか」と。

この裁判は最高裁までいって原告が勝ち、「自立のための貯金は、生活保護法の趣旨に反しない」という結論がでた。まっとうな判決だと思う。しかし、その判決がでるまでに十三年もの年月が必要だった。「最低限度の生活」を判断するのは、それほどむずかしい。国の財政状況が時代によってちがい、国民の生活レベルも時代や景気動向とともに変化するからだ。

国は、そのときの豊かさに応じた社会保障の仕組みをつくる。血のかよったあたたかい福祉をおこなうのが行政サービスの基本であることはいうまでもないが、身の丈に合わない大盤振る舞いはできないし、また、してはならない。なぜなら、給付の財源は、国民から徴収した税金と保険料だからである。

チャーチルの福祉政策論

国民年金制度と最低賃金制度という、福祉の基礎となる二つの制度ができたのは、これから高度経済成長がはじまろうという一九五九年（昭和三十四年）、岸内閣のときである。

社会保障は、国の経済規模が大きくなるにつれて厚くなっていく。一九七〇年度には三・五兆円だった日本の社会保障給付費は、なんといまや九十兆円に膨らんでいる。内訳は、年金の支払いが四十七兆円、医療費の給付が二十八兆円、介護保険の給付とそのほかで十五兆円だ。試算によれば、二十年後の二〇二五年には、この社会保障給付費が百四十一兆円になるといわれる。

Aを給付対象となる人口、Bを一人当たりの給付、Cを社会保障の総額とすると、一九七〇年以来今日まで、Bが厚くなった結果、Cが伸びてきたが、今後は、Aが増えることによって、Cが急伸することになる。

日本の年金制度は、賦課方式、つまり働いている世代が、お年寄りの年金を支えるというシステムである。ところが、日本は、その支え手である現役世代（生産年齢人口）が減っていくいっぽうで、六十五歳以上の世代がどんどん増えていった。二〇〇五年現在、総人口に占める六十五歳以上の割合は二〇・〇パーセントだが、二〇一五年には二五パーセントを超える。つまり、「五人に一人が高齢者」だった社会が、十年間で「四人に一人が高齢者」という社会に変わるのである。そこでAとCが伸びていくなか、支え手の負担とBのバランス、そして「持続可能」をキーワードに調整したのが二〇〇四年の年金改革であった。

歴史を振り返れば、国民の満足度の高い国家は安定しているが、政府にたいして国民の不満が鬱積している国家というのは、存外にもろいものだ。

かつてイギリスのチャーチル首相は、社会保障、とりわけ貧しい労働者へ手をさしのべることをたいへん重視した。それは、個々人への思いやりとともに、べつのわけがあった。若いころの一時期、かれは、保守党を脱退して自由党に所属したことがある。その理由のひとつが、保守党は、労働者階級への十分な保障を怠っているというものだった。

貧しい労働者が増えれば、怨嗟《えんさ》の声は日増しに大きくなり、やがてそれは国家にむかう。社会の不安定化は暴動を誘発し、革命にまで発展することもありうる——そうしたおそれをチャーチルは抱いていたのである。

イギリス社会の良き伝統を破壊してはならない。そのためには、なにより社会保障を充実させなければ、というのがかれの考えだった。

国民年金法を成立させた祖父・岸元首相も、根っこはチャーチルと同じ考えをもっていた。祖父の一高時代からの親友で、三輪寿壮《じゅそう》という社会運動家がいた。労働争議関係の弁護士として活動し、一九二六年（大正十五年）にできた日本労農党の初代書記長を務めた人物である。祖父と三輪は、目的は同じでも、そこにいたる道がちがった。三輪は目の前にいる貧しい人たちを救うために、弁護士として、また政治家として相談に乗り、運動した。しかし祖父の場合は、その貧しさを生み出している国家を改造しようとしたのである。

わたしは、小さな政府と自立した国民という考えには賛成だが、やみくもに小さな政府を求めるのは、結果的に国をあやうくすると思っている。国民一人ひとりにたいして温かいまなざしを失った国には、人は国民としての責任を感じようとしないからだ。そういう国民が増えれば、確実に国の基盤はゆらぐ。

史上最低を更新する出生率

毎年七月に厚生労働省から日本人の平均寿命が発表になる。最新の二〇〇四年の平均寿命は、女性が八十五・五九歳で、男性が七十八・六四歳。男性はアイスランドに次いで世界第二位だが、女性はもう二十年連続で世界一の座をたもちつづけているのをご存じだろうか。なぜこんなに平均寿命がのびたのか。

日本人の三大死因といえば「がん」、「心疾患」、それに「脳血管疾患」で、これにつづくのが第四位の肺炎だ。近年の平均寿命ののびをもたらしたのは、このうち脳血管疾患による死亡率が下がったことが、大きな理由だ。今後は、がんの予防法や治療法も進歩して死亡率が下がるだろうから、平均寿命はさらにのびていくはずだ。

日本人が世界一長生きであることは喜ばしいことだが、そう喜んでばかりもいられない。人口構成が変わらないなかで寿命がのびていくならよいが、前述のとおり、若い世代はどんどん減っていくからだ。いまは現役世代が三・五人で一人の高齢者を支えている計算だが、このままいくと、二〇二五年には、二人で一人の高齢者を支えることになる。

そこで、さまざまな少子化対策が組まれることになった。

一人の女性が生涯に何人の子を産むかという割合が出生率（合計特殊出生率）だが、高度成長期より前の日本人の出生率は、３を超えていた。つまり一人の女性が平均三人以上の子を産んでいたわけだ。しかし、いまはこれが１・２５。人口が維持されるかどうかの境目は２・０８だから、日本は人口減少への道をひた走っているといっていい。国立社会保障・人口問題研究所の予測では、二〇〇六年から減少に転じるとされていたが、実際はそれより一年早く減少が始まっていた。ここ二十年ほど、日本の人口といえば一億二千万人というのが一般的だったが、二〇五〇年には一億人に戻ると予測されている。

一九八九年に「１・５７ショック」というのがあったのを覚えているだろうか。この年、出生率が1・57を記録し、「このままでは国が滅びる」といった論調がマスコミをにぎわした。

いまの1・25とくらべると、うらやましい数字だが、当時なぜそれがショックだったか。それは、戦後最低記録だった一九六六年の丙午《ひのえうま》の年（この干支《えと》に生まれた女性は気性が荒く、夫を殺すという迷信がある）の1・58を下回ってしまったからである。

日本の少子化は、第二次ベビーブームの終わった七〇年代半ばから、ずうっとつづいてきたのであって、べつに「1・57ショック」の年から始まったわけではない。ただ、七〇年代には、将来の深刻さに気づく人はほとんどいなかっただけだ。九〇年代に入って、少子化は深刻な問題になったが、政府が「産めよ増やせよ」といったところで、子どもをつくるかどうかは、その人の自由だ。

子育ての価値は損得を超える

それだけに、国民にたいしてはメッセージ性の高い少子化対策を打ち出さなければならないと考えている。

まずは仕事と家庭を両立できる社会にしていかなければならない。そのためには企業側の理解や意識改革が必要であるし、同時に地域コミュニティにおける支援体制の整備も必要である。

最近の世論調査でみると、少子化対策としてとくに期待する政策としては、「経済的負担の軽減」と「仕事と家庭の両立支援と、働き方の見直しの促進」がほぼ同じ程度の数字を示している。このことから、経済的な理由で子どもを産むことを見合わせているなら、当然、効果のある経済的な支援を検討していかなければならない。

経済同友会の調査によれば、一九六〇年代生まれの人たちの「結婚しない理由」は、「出会いがないから」がいちばん多い。これは男女とも同じだったという。出会いの場があって、少し背中を押してあげるようなことができればいいと思う。議論もあるが、結婚したいと思っている男女が多いのであれば、民間がおこなうお見合い事業の信頼性を高めるなんらかの工夫、たとえば認証制度があってもいいのではないだろうか。

また、従来の少子化対策についての議論を見て感じることは、子どもを育てることの喜び、家族をもつことのすばらしさといった視点が抜け落ちていたのではないか、ということだ。わたしのなかでは、子どもを産み育てることの損得を超えた価値を忘れてはならないという意識がさらに強くなってきている。そこで、官房長官に就任してから、「家族・

地域の絆再生」政務官会議PT（プロジェクトチーム）を立ち上げ、大いに議論したうえでとりまとめをおこなうよう指示した。

家族をもつことはすばらしい、と自然に思えるような気持ちをはぐくんでいくことが大切である。そのためには、家族の価値の大切さを訴えていかなければならないと思っている。父と母だけでなく、祖父や祖母といっしょになって子どもを育てる環境ができるよう、税制等の検討をしていきたい。

人口が減っても生産性を上げることはできる

政府の少子化対策が功を奏して、多少出生率が回復したとしても、人口減少の流れそのものをくいとめることはできない。少子化は先進国に共通する傾向だし、産む世代の人口がすでに大きく減ってしまっているからだ。

したがって、出生率を上げるための対策はむろん大事だが、それと同様に大事なのは、未曾有の少子社会が到来することを前提として、それでも日本人が活力と豊かさを失わない道はどこにあるかを考えることだ。

では、少子社会では何が起きるのか。

経済の分野でいえば、労働人口が減ることによって、生産力が落ち、同時に消費需要も減って、経済規模が縮小することが心配される。そこで、人口が減っても生産力が落ちない方法を模索しなければならない。

まず第一に、これまで労働力としてあまり活用されてこなかった女性や高齢者の能力を活かし、労働力の減少を補うことだ。

つぎに、労働生産性を上げることである。一般に、人口の減少した国では労働生産性が高まる傾向がある。九〇年代に労働人口の減少した欧州七カ国（デンマーク、ポルトガル、イギリス、ドイツ、フィンランド、イタリア、スウェーデン）の労働生産性上昇率は二パーセントだった。現在、出生率が日本とほぼ同じ国といえばイタリアだが（日本よりずっと早く少子化が進行した）、そのイタリアは、一貫して労働生産性のたいへん高い国だった。付加価値の高い製品やサービスを売ることにたけていたわけだ。

労働生産性という面では、日本はまだまだ成長の余地がある。今後はＩＴやロボットの活用によって生産性を上げることができるはずだ。知的財産戦略を推進すれば、技術革新の成果によって競争力が強化され、ソフト、ハードの付加価値はさらに高まっていく。

いや、労働生産性をあげて生産力を維持しても、人口が減れば需要が減ってしまうではないか、という人もいるだろう。だが、その心配はない。経済のグローバル化が進めば、世界中の消費者を相手にできるからだ。とりわけ、世界の成長センターであるアジアをマーケットとして抱えていけば、国内の少子化がデメリットとなることはない。そのためにも、FTAネットワークを広げていく必要がある。

そうして現在の経済成長を維持していけば、日本の人口は減っても、国民一人当たりのGNPは増えていく。つまり、国民一人ひとりは豊かになることができるのだ。

団塊世代が会社から去ったあと

ただ、社会保障の分野では、保険料や税金の支払い手が減れば給付の減少につながるから、少子化は深刻な事態を引き起こしかねない。

日本の年金制度がひとつの正念場を迎えるのは、二〇〇七年から二〇一〇年にかけてだ。この四年間で、いわゆる団塊の世代が、段階的に六十歳の定年を迎えていく。この世代の数は約七百万人。日本の生産年齢人口が八千万人だから、その約一割が現役を退くことになる。年金をもらえる資格ができるのは六十五歳なので、かれら団塊世代の最後の集団が、その年齢に達するのは、二〇一五年だ。いままでの五年ごとの年金制度改革は、この巨大な人口を支えるための準備だったといってもよいくらいである。

よく知られているように、サラリーマンの年金は二階建てになっていて、一階部分が国民年金と同じ基礎年金、二階部分が厚生年金になっている。基礎年金の部分の支給開始年齢は六十五歳に向けて引き上げられつつあり、厚生年金の報酬比例部分も、一九六一年（女子は六六年）よりあとに生まれた世代は完全に六十五歳からの支給となる。

しかし定年が六十歳で、年金をもらえる資格が六十五歳ということになると、その間に空白期間が出てしまう。そこで、二〇〇四年の国会で、改正高齢者雇用安定法が成立した。

この法律は、企業に高齢者の雇用を六十歳で打ち切らないようにしてもらおうというもので、企業には三つの選択肢がある。一つは、定年を六十五歳にすること。二つ目は、定年は六十歳のままでも、六十五歳まで継続して働けるようにする。この方式だと、一度退職させて別の賃金体系で雇い直すことができるので、会社側にとっては人件費が安く済むという利点がある。三つ目は、定年制をなくす。二〇一三年度までに、このうちのどれかを企業に選択させて、年金開始年齢までの空白を埋めよう、という考えである。

企業のなかには、かつて団塊の世代を多く採用し、そのすぐ下の世代の採用を控えたために、団塊の世代が退職してしまうと、技能が伝承されなくなってしまう会社がある。とりわけ製造業では、これが深刻な問題になっている。たとえばトヨタでは、工場で働く熟練技能職を対象とした、定年後の再雇用制度があって、二〇〇六年度からはそれを事務職まで含めた全従業員に拡大しているそうだ。

航空業界も同様だ。パイロットの年齢構成が五十代にかたよっていて、このままいくと、二〇〇七年以降には、毎年二百人を超える退職者がでるという。航空需要が伸びているなか、大幅なパイロット不足は、どこも頭を悩ませている。滞空時間の長さなど、経験が必要な職業だけに、ただ若い人を増やせばいいというわけにはいかないのだ。そこで、OBと再雇用契約を結んだり、外国人パイロットを雇用して対応しようとしている。

いまは六十歳といっても、とても元気だ。そしてその豊かな経験は、いま、さまざまな職場で請われている。一人でも多くの人に働きつづけてもらい、社会を支える側にいてもらいたいと願っているのは、政治家ばかりではないのである。

早く死ぬと損するのが年金というもの

公的年金は、だれでも公平にもらえるものと思っている。でも、ちょっと考えるとわかるが、じつは公平な年金というものは存在しない。なぜなら、「早死にリスク」があるからだ。

現役時代、四十年にわたって保険料を払い続けても、定年になったとたんに亡くなってしまえば、一銭ももらえない。つまり、払い損である。

年金制度は、そういうリスクがあることを承知したうえで、「長生きすれば、もらえますよ」というシステムなのだ。

健康保険にも同じことがいえる。高い保険料を払っている人でも、一度も医者にかからなければ、給付を受けることがないから、払い損である。

民間の保険は、これとは逆で、掛け捨てのものを別として、払ったものがあとから返ってくる仕組みになっている。公的年金や医療保険制度がそういう仕組みになっていないのは、これが世代間、あるいは世代内の助け合いの構造になっているからである。

国民年金の未納者は、二〇〇五年三月現在で四百二十四万人に達している。払わない理由はいろいろだが、最大の理由は、若い世代の年金にたいする不信感だといわれている。「将来、わずかな給付を受け取るために、毎月の保険料を払うのは、ばかばかしい」という考えである。

本当にそうだろうか。二〇〇六年現在、国民年金の保険料は、月に一万三千八百六十円だ。今後二〇一七年まで、毎年数百円単位で値上がりしていくが、その後は一万六千九百円の水準で固定される（実際の金額は、賃金上昇率にあわせてさらに値上がりしていくが、水準としてはあくまで固定される）。

さて、たとえばいま二十歳になった人が、きょうから払いはじめて、六十歳までの四十年間、毎月払い込んだとすると、総額はざっと八百万円になる。この人が年金をもらえるのは、働いていなければ六十五歳からだが、支給される額は、年に七十九万円（月額にして六万六千円ほど）である。

ということは、この年金を十年間もらいつづければ、七百九十万円になるから、ほぼ十年でモトがとれることになる。もしこの人が八十五歳まで生きれば、払った額の二倍の給付が受けられることになるのだ。

八十五歳といえば、ちょうど女性の平均寿命である。つまり、たいていの女性は、生涯の最後のほうで、たいそう得をすることになる。ちなみに男性の平均寿命は七十八歳なので、それほど得をしないが、それでも、平均寿命まで生きた人は、払った額の一・三倍受給できる。まさに、先ほど述べた「早死にリスク」の逆である。

保険に頼らないのなら、自分自身で長生きに備えなければならなくなる。いうなれば

「長生きリスク」が発生するのだ。

でも考え方によっては、こんなローリスク・ハイリターンの〝金融商品〟というのも、めったにないのではないか。国民年金はいわば、どこの民間の老後保険よりも、安心、確実で、お得な老後の備えなのである。

もうひとつお得なことがある。それは、基礎年金の給付には、税金が投入されているということだ。いま税金でまかなわれているのは、給付額の三分の一。残りの三分の二がみんなが支払った保険料だ。この税金の部分が、二〇〇四年度改革で二分の一に引き上げられることになった。二〇〇九年度からは、自分が払うのは半分だけ、残りの半分は、国が補塡することになるのである。

払った額の二倍受け取れる厚生年金

厚生年金にも、似たような誤解がある。「負担がきついわりに、将来、たいしてもらえない」という不満だ。

厚生年金の負担と給付の関係を見ると、国民年金よりさらに有利であることがわかる。

たとえば二〇〇五年に四十歳になった人の場合、六十五歳までに支払う保険料の総額は、約二千二百万円だ（二十歳から四十年間厚生年金に加入し、平均三十六万円の月給をもらってい た、と仮定する）。それに対して、この人が平均寿命まで生きた場合に受け取る給付の総額が約五千九百万円。つまり自分で負担した額の約二・七倍の給付を受けられるのだ。これは世代によって差があり、すでに七十歳を超えた人たちは八倍以上の額を受け取る。この格差は大きすぎるという声があるが（なぜこんなに格差があるのか、についてはあとで述べる）、いちばん若い世代、すなわち今年生まれたばかりの世代でも、支払った額の約二・三倍を受け取れる計算になっている。

厚生年金がこれほど厚い仕組みになっているのは、毎月従業員が負担する額と同額の保険料を、会社が負担しているからだ。厚生年金は、法人の場合、一人でも従業員がいれば、加入が義務づけられている。個人事業所の場合でも、従業員が五人以上いれば、加入義務が生じる。

ところが、経営の思わしくない企業にとっては、この保険料の負担は重い。そのため、会社ぐるみで、この制度から〝脱退〟してしまう例がある。国民年金の未納と同じように、厚生年金にも未納問題が発生しているのである。

そもそも厚生年金は、任意に出たり入ったりできるものではない。脱退するときは、会社が廃業するか解散するしかない。ただ、加入は自己申告だから、起業したときから入らなければ、会社は未加入のままになってしまうし、廃業届を出せば、実際に廃業していなくても〝脱退〟したことになってしまう。保険料の負担がたいへんなので、従業員にたのんで会社を辞めてもらい、国民年金に切りかえてもらってから、全員フリーのようなかたちで働いてもらうという会社もある。

もちろん、会社が脱退したからといって、それまで会社が負担していた半分の保険料を従業員がもらえるわけではない。従業員は、今度は自分で国民年金の保険料を支払わなければならなくなるだけだ。もちろん将来の給付は低くなる。

「年金は破綻する」というのはまちがい

二〇〇四年の年金国会では、政府・与党に強い逆風が吹いた。しかし、そのおかげで、年金のシステムがどうなっているのか、よくわかっていない人が意外に多いということがわかった。

たとえば、国民年金の加入者の四割が、加入期間が二十五年以上ないと受給資格がないことを知らなかった。これは社会保険庁が説明をきちっとしてこなかったためだ。役所にありがちなサービス精神の欠如といってよい。でもマスコミが毎日、年金、年金と叫んでくれたおかげで、何万枚ものポスターを貼るより、はるかにピーアールになった。

ただ、それが正確なものだったかというと、そうではなかった。その代表的なのが「年金制度は破綻する」「将来の給付は保証されない」という批判だ。野党もマスコミも、このフレーズで不安をあおるものだから、わたしは、テレビや講演で、なんどもそのことを説明しなければならなかった。

「わたしは将来、ほんとに年金をもらえるんでしょうか」というような質問に、「もらえますよ」と、まずは答えるわけだが、「なぜもらえるか」ということを、ほとんど年金のことを知らない人に、納得のいくように説明するためには、制度がどうなっているか、そうとう初歩的なところから話をはじめなければならない。しかし、司会者はそんな時間はとってくれない。あらかじめ視聴者が不安にかられるようにシナリオが書かれているとしか思えないのである。

年金は必ずもらえるし、破綻しないように組み立てられている。もし破綻することがあるとすれば、それは保険料収入がないのに、年金給付をつづけていったときだ。いいかえると、いまのままの保険料水準と給付水準をつづけていけば、これからはもらう人が増えるのだから、将来はどこかで払えなくなってしまう。破綻するというのは、このことだ。だからそうならないように、保険料をどのくらい上げて、給付水準をどのくらい下げたらよいのか、という議論をしているのである。

年金については、これまで五年ごとに賃金水準や消費支出の伸びを調べて、保険料の改定をおこなってきた。給付額のほうの改定は、物価にスライドさせている。

二〇〇四年の年金改革がこれまでの見直しの仕方とちがうのは、「マクロ経済スライド」というものを導入したからだ。おおざっぱにいうと、社会全体の保険料の負担能力が減っていくことを前提にして、給付額にゆるやかなブレーキをかける方式を採用したのである。

ブレーキとなる数字は、「スライド調整率〇・九パーセント」（その内訳は、被保険者数の減少分が〇・六パーセント、平均寿命の延び分が〇・三パーセント）というもので、たとえば物価が一パーセント上がったら、〇・九パーセントのスライド調整率をマイナスして、〇・一パーセントしか上がったことにしない、という計算法だ。ただし、物価上昇率がプラスのときにだけ抑止効果が働く仕組みにしてあるので、物価がマイナスのときは、従来の物価スライドで対応する。

この「マクロ経済スライド」を導入することなどによって、二〇二五年時点の総給付は、年金改革前後で比較すると約十兆円抑制される。つまり、公的年金は事実上、安定したのである。

年金というのは、ざっくりいってしまうと、集めたお金を貯めて配るというシステムだ。だから、加入しているみんなが「破綻させない」という意思さえもてば、年金は破綻しないのだ。日本人の過半数が「もう年金はやめよう」といわないかぎり、このシステムは継続するのである。そこが、会社経営の破綻とは根本的に違うところだ。

運用が赤字だからといって騒ぐことはないわけ

国民が支払った保険料の一部は、積立金としてプールされる。そんなわけで、日本には厚生年金と国民年金をあわせて総額約百四十五兆円にのぼる年金積立金がある。これは五年分の年金給付をまかなえる金額だ。

集めたものを払うだけなのに、なぜこんなものがあるのか。公的年金は、自分で積み立てたものを、将来自分が受け取る方式（積立方式）ではない。現役世代の払った保険料で、そのときの高齢者の給付をまかなうという、世代間の助け合い方式（賦課方式）である。

したがって、本来は積立金をもつ必要はないのだが、日本を含めて賦課方式を採用している国の多くが、世代間の保険料負担の格差をならすために積立金をつくって、それを運用しているのである。

運用が黒字になるように最善をつくすのは当然だし、年金という性格上、安全運用を心がけてポートフォリオを組まなければならない。しかし、株価の変動のたびに運用が黒字か赤字かで一喜一憂する人が多いが、それはまちがっていると私は思う。年金積立金の運用というのは、本来、二十年、三十年といった長いスパンで利益が出るように計算されているもので、一年ごとに結果をうんぬんすべき性格のものではない。

したがって、たとえば同じ時期の、投資信託など他の投資と比較して、年金積立金の運用だけが劣っているのであれば問題だが、みんなが損しているときにある程度の損をだしているなら、ことさら問題視する理由はない。たとえばバブル崩壊後はだれもが損をしたのだから、当然、年金の運用も一時的には赤字になった。

ところが、運用が赤字になると「なにをやってきたのだ。責任者は誰だ」と騒ぎ出す人たちがいる。前々回、つまり一九九九年の年金改正のときがそうだった。

年金福祉事業団（特殊法人改革によって二〇〇一年に解散し、運用は年金資金運用基金、ついで年金積立金管理運用独立行政法人が引き継いだ）の自主運用の結果が、前年度の黒字から転じて三千九百四十九億円の赤字となった。これは国内の株価の低迷と、円高によって外国株の価値が目減りしたのが原因だったのだが、野党は「損害を賠償しろ」と、事業団の理事長につめよった。

当時、私は衆議院厚生委員会の理事だったが、もし株価がもち直して運用が黒字になったら、野党は、なんというつもりだろうと思った。「ボーナスを出せ」とでもいうつもりなのか。そうこうしているうちに、ほんとうに株価が上がってきて、大幅に運用益が出てしまった。野党はもう何もいわなかった。

戦争ですべてを失った国民を救うためにはじまった

年金の保険料を払うとき、「このお金はいまのお年寄りの年金になっているんだ」と思う人は少ないだろう。たいていの人は「このお金は、将来、自分がもらう年金だ」と思っているのではないか。この後者が、自分で積み立てた年金を自分のためにもらう「積立方式」といわれるものだ。

日本の年金制度は、基本的には前者の賦課方式だから、正確にいうと、自分の年金を積み立てているのではなく、いまのお年寄りの生活費のある部分を援助しているのだ。

どうしてそういう誤解が生じるのか。その答えは、日本の年金制度がどうやって始まったかを知るとわかる。

日本では、戦争中の一九四四年(昭和十九年)に、まず厚生年金だけが始まった。このときは、完全な報酬比例年金、つまり給与の多寡に応じて保険料を支払うもので、国民年金に相当する基礎年金部分はまだつくられていない。戦争が終わり、一九五〇年代になってから、こんどは国家公務員の共済組合が始まった(地方公務員だけの共済組合は六二年から)。

国民年金の仕組みができて、国民皆年金といわれるようになったのは、一九六一年(昭和三十六年)のときである。このとき、日本の年金は、サラリーマンの厚生年金、自営業者らの国民年金、公務員の共済年金と、三つそろったのである。もっとも、三つの年金のすべてに共通する基礎年金の仕組みが完成するのは、一九八六年(昭和六十一年)まで待たなければならない。

どこの国でも同じだが、それまでなかった年金制度が新しくつくられるときは、その時点で中高年に達している人たちをどうあつかうのか、が最大の問題になる。このときもし新しい年金制度を「積立方式」にしてしまうと、かれらは、いままでじっさいに保険料を払っていない（積み立てていない）のだから、給付を受ける権利がないことになる。そうなると、若い人たちの肩には、じつは「二重の負担」がかかってしまうのだ。

たとえば、ある家庭に、現役を引退した父親と働きざかりの息子がいっしょに生活していたとする。ここで積立方式の年金制度が始まると、息子は、自分の将来のための保険料を払いこむいっぽう、父親は年金がないので、自分の給与のなかからお金をだして父親を養わなければならないことになる。自分の生活もままならないのに、これはつらい。

国民年金が実施された一九六一年には、戦争ですべてを失いながらも、焼け跡から日本を再建しようと頑張ってきた人たちがいた。わたしたちの親であり、祖父、祖母たちの世代だ。この人たちが、年金の恩恵を受けられない、というのでは、いかにも理不尽な制度ではないか。

そこで、日本の年金は、積立方式を基準にしながら、最終的に賦課方式になった。保険料を負担していない高齢世代も給付金が受け取れるように、世代間の助け合いの仕組みが取り入れられたのである。

賦課方式は、人口構造上、若い世代の層が厚く、高齢世代が少ない時代には都合がよかった。だが、人口構成が逆ピラミッド型になるにつれて、無理が出てきた。おまけに高度成長のときに、給付水準を上げてしまったために、若い世代の負担はさらに重くなってきた。

積立方式では、保険料は原則として世代ごとにプールされ、運用される。したがって、同一世代のなかで長生きした人が得をする、いわば「世代内の助け合い」のシステムだ。だから、世代を超えてまで助けることはしない。今日のような逆ピラミッド型の人口構成のもとでは、この積立方式にしたほうが世代間の不公平感がなくていいのではないか、という人もいる。

年金を税金にすると国の財政に左右される

また、年金は保険料方式でなく、全額税金にすべきだ、という声もある。保険料方式では、どうしても未納者が出てきてしまい、強制的に取り立てることがなかなかできない。その点、税方式なら、国が払うのだから、もらえなくなる心配はないし、税金だからきびしく徴収できる、という論理である。

いま、基礎年金の三分の一は税金である。これが二〇〇九年度までに半分に引き上げられる。だったら、全額税金でもいいではないか、という気持ちはわからないでもないが、これにも問題がある。

もし今年から全額税金になったらどうなるか。たとえば現在六十歳の人は、四十年間保険料を払ってきた。いっぽう、いま二十歳の人は、これからいっさい保険料を払わずに、将来は年金が受け取れる。当然、給付は足りなくなる。さて、その年金の財源はなにか。それは、消費税を上げるしか方法がないのである。いまよりおそらく四〜五パーセントは上げなければならないだろう。

消費税というのは、若い人から引退した高齢者まで、みんなが払うわけだから、平等だと思うかもしれない。だが、高齢世代はすでに保険料を払ったのに、そのうえまた消費税を払わされることになるのだ。それでは、許容できる不公平の範囲を超えてしまうだろう、というのがわたしの考えである。

保険料を払った世代になんらかの上乗せをして納得してもらうようにするとしても、その財源だって税でまかなわなければならない。

税方式のほうが将来の給付に対する不安が少ない、というのもほんとうではない。保険料というのは、決まった目的以外に使われることがない、完全に閉じられた収入だ。しかし税金にすると、その時々の国の財政状態に左右されてしまう。保険料なら、改定の際に水準をこうだと決めたら、次の改定までは予定通りの保険料収入があるが、税金の場合は、その年いくら収入があるのか、予断を許さない。バブル崩壊のようなことでも起きれば、たちまち税収が減って、払いたくても払えなくなることがある。

もちろん国民がそれで納得しさえすれば、どんな方式もあり得るだろう。しかしわたし自身は、保険料と税金が五分五分というのは、日本的でいいのではないかと思っている。税金が半分入れば人口の減少の影響を抑えて安定させることができるし、あとの半分は保険料だから、自助と共助の精神も残るのだ。

年金一元化で官民格差をなくす

年金改革の次の課題は、官民格差をなくすための年金一元化、つまり厚生年金と共済年金を一元化することだ。公務員の加入している共済年金は、厚生年金より保険料率が低いうえに、職域加算という上乗せ制度がある。一元化の議論は二十年も前からあったにもかかわらず、官の抵抗が強くて実現できなかった。二〇〇六年に入ってようやく、二〇一〇年の職域加算廃止と、二〇一八年に保険料を厚生年金と同じ水準にする政府の方針をかためるところまでこぎつけた。国民の不公平感を払拭するためにこれはぜひ実現させせなければならない。

もう一つ、先にも触れたが、社会保険庁がお役所仕事のなかで、ほんらい被保険者に対して行うべきサービスをしてこなかったという点を改めなければならない。その一環として、五十歳を過ぎたら自分の年金見込額を照会できるようにした。窓口だけではなく、最近はインターネットでもさまざまな照会を受け付けるようになっている。どこの年金相談窓口がどれくらいの待ち時間になっているかまで、社会保険庁のホームページで公開されているほどだ。

自分が保険料をいくら払ってきたか、いくらもらえるかということを毎年通知するようにすべきだ、そうでなければ保険料を払う気にならないだろう、というのがわたしの年来の主張だったが、ようやく二〇〇八年度から「ポイント制」が開始されることになった。被保険者一人ひとりに保険料の納付実績などをポイント化したお知らせが郵送される仕組みだ。これなどは、もっと早く導入されなければいけないサービスだった。

社会保険庁は、保険料の不正免除という姑息な手段によって保険料納付率を向上させようとしたようだが、まったく本末転倒である。納付率を向上させるには、サービスによって国民の信頼性を高める以外にないからである。

そのためにも、民間に開放できる事業については積極的に委託していかなければならない。いま、社会保険庁では年金電話相談や保険料徴収などについて、市場化テストのモデル事業を行っている。市場化テストというのは、公共サービスを官と民との競争入札にかけ、コストと質が上回ったほうに委託するという制度で、今後、全国で導入される。社会保険庁においては、すべての事業についてこの市場化テストをおこなう必要があるのではないか。

社会保険庁は二〇〇八年に解体し、年金部門と政府管掌健康保険部門に分離することが決まっているが、これを機会に、国民へのサービスを第一義として一から出直しをしなければいけない。

社会保障は人生のセーフティネット

社会保障とは、端的にいえば、人生のリスクに対してセーフティネットが張られているかどうか、ということにつきる。

リスクの一つは病気である。もう一つは、年をとって引退したあとの生活。それから、介護が必要になったとき。これは、自分が介護をしてもらう場合もあるし、しなければいけない場合もある。

また、障害をもつこともあるし、最初からハンディキャップをもって生まれてくる場合もあるだろう。

セーフティネットはこういう人たちのためにしっかりと張られていることが大切だ。

この仕組みは、国家の責任においてつくらなければならない。それは国への信頼となり、すべての国民がチャレンジすることを可能にする。その財源が税金と保険料である。

保険料を払うのも国民、給付を受けるのも国民だから、負担と給付は、けっして法外な水準にはならない。たとえば国民年金の場合は、月額にして六万六千円程度の給付だから、生活費にあてようとすると、たしかにささやかな金額である。そこで成り立っている合意は、最低限、生活に困らないための額である。

政府が保障する「最低限度の生活」はそこまでで、それにあと何をプラスするかは個人の選択にまかされている。サラリーマンの場合は、その上に二階部分、つまり厚生年金が乗っている。企業によっては、さらに三階部分として厚生年金基金が乗っている。また確定給付年金や確定拠出年金が乗っている場合もあるだろうし、あるいは民間の保険会社の保険や、他の金融商品で老後の備えをする人もいるだろう。

ちなみに、ネット証券で知られる松井証券が数年前、リストラの一環として会社の福利厚生を廃止して話題になった。住宅手当や家族手当を廃止し、財形貯蓄や住宅貸付金も廃止、退職金制度もやめて、その分を給料に上乗せすることにした。会社が入っていた厚生年金基金からも脱退して、その会社負担分は、給料に上乗せした。高度成長期に日本の企業が身につけていった数々の「社内福祉」を、すべて脱ぎ捨ててしまったのである。

松井証券の社員は平均年齢が三十代前半。老後の備えよりも現在の収入が増加するほうがよいと考える人が多かったようだ。健康保険と厚生年金と雇用保険は義務づけられているから、最低限の保障は残っているわけだが、このリストラの背景には、自助努力をよしとする実力主義がある。いわば会社レベルの「小さな政府」化だ。日本的ではないかもしれないが、一つの選択肢を提示している。

健康寿命と平均寿命はちがう

介護保険の受給者が政府の予想をはるかに上回って増えているという話を、前に述べた。団塊の世代が全員六十五歳を超える二〇一五年以降は一時的に、一年間に数十万人ずつ受給者が増えていくという、ちょっとこわい可能性も考えられる。

介護保険制度とは、ひとことでいうと、「介護が必要であると認定された高齢者が、介護サービスを買い、その代金の一部を保険でまかなう」という制度である。二〇〇〇年に制度が始まるまでは、高齢者介護は行政の「措置」であって、サービスを受ける側の選択の余地がほとんどなかった。

ところが制度の導入によって、受給者側は自由がきくようになり、介護事業者の側からすると、競争原理が導入されたことになり、サービスの内容が問われるようになった。受給者が予想外に増えたのは、供給が需要をつくった側面がある。

いま、介護保険の保険料は、四十歳以上のすべての国民が支払っている。二〇〇五年の介護保険法改正では、保険料負担を四十歳未満まで広げるという案は見送られたが、受給者がこのまま増え続ければ、避けられない選択になっていくだろう。今後は少しでも受給者を減らしていくことが求められているわけである。

そこで注目されているのが「健康寿命」という考え方だ。これは、高齢者が何歳まで自立して生活していけるかに注目した数字で、平均寿命とはちがう。日本人の平均寿命は女性が八十五歳を超え、男性は七十八歳を超えているが、健康寿命は、それより六歳から八歳ぐらい低い。つまり、本来の寿命が来るまでに、病気で苦しんだり寝たきりになったりしている期間がある、ということなのだ。

この不健康な期間は、どこの国もだいたい同じで、日本の高齢者がとりたてて不健康なわけではない。だが、もしこの期間を短くして、平均寿命と健康寿命の落差を小さくすることができれば、医療費や介護費用が大いに節約できるのである。

わたしはこれに着目して、自民党の社会部会長だった二〇〇〇年当時、健康寿命をのばす政策「メディカルフロンティア戦略」を発表し、厚生省の予算にも項目として入れたが、当時、残念ながらあまり注目されなかった。しかし幹事長に就任したさい、公明党の協力を得て、与党統一マニフェストに記載した。

この、二〇〇五年からの十カ年計画「健康フロンティア戦略」では、がん、脳出血、脳梗塞などの救命率に数値目標を立てた。脳出血は最初の三時間が勝負だといわれる。どの程度の後遺症が残るかは、初期治療が適切だったかどうかに大きく影響される。健康寿命をのばすカギはここにあるのだ。

もうひとつ、女性の高齢者が寝たきりになるおもな原因のひとつに骨折がある。とくに股関節の劣化が問題なのだが、骨の劣化が原因で死ぬ人はいないので、それをくい止めるための研究費が投入されにくいという背景があった。そこで、この分野の研究をさかんにすることも十カ年計画に盛り込んだ。

医療、介護の給付対象者が減るということは、財政にとっても、負担する側にとってもプラスであり、多くの人たちにとって、長生きし、死ぬまぎわまで元気でいられるというのは夢でもある。だがそれは、実現可能なことなのである。

第七章　教育の再生

誇りを回復させたサッチャーの教育改革

戦後日本は、六十年前の戦争の原因と敗戦の理由をひたすら国家主義に求めた。その結果、戦後の日本人の心性のどこかに、国家＝悪という方程式がビルトインされてしまった。だから、国家的見地からの発想がなかなかできない。いやむしろ忌避するような傾向が強い。戦後教育の蹉跌《さてつ》のひとつである。

一九八〇年代、イギリスのサッチャー首相は、サッチャー改革と呼ばれたドラスティックな社会変革をおこなった。イギリス社会には、大きな軋轢《あつれき》を生じさせたが、それは、よりよき未来へむけた、いわば創造的破壊だった。

わたしたちはこの構造改革を、金融ビッグバンに象徴される、民営化と市場化の成功例ととらえているはずだ。しかしそればかりではなかった。じつは、サッチャー首相は、イギリス人の精神、とりわけ若者の精神を鍛えなおすという、びっくりするような意識改革をおこなっているのである。それは、壮大な教育改革であった。

サッチャーは、全二百三十八条におよぶ「一九八八年教育改革法」で、二つのことを断行した。一つは自虐的な偏向教育の是正、もう一つは教育水準の向上である。お気づきの方もいると思うが、どちらも、日本の教育が抱えているといわれる課題と重なっている。

そこで、私が幹事長だった二〇〇四年秋、自民党は教育調査団をイギリスに派遣した。イギリスの経験が、きっと日本の教育改革、とりわけ教育基本法の改正に活かせると考えたからである。期待どおり、調査団は、たいへん示唆に富んだ報告をしてくれた。

自虐的な歴史教育は、敗戦国に特有のことだと思っていたから、戦勝国のイギリスでもそのような教育がおこなわれていると聞いて、正直、はじめはたいへん驚いた。聞いてみると、これは長年にわたってイギリスがおこなってきた帝国主義の反動なのだという。

たしかに、かつてのイギリスの植民地政策を思い浮かべれば、イギリスの歴史は収奪の歴史であり、国内に自虐的な自国の歴史観が生まれておかしくはない。長い間のイギリス病が、敗戦国シンドロームに似た感性を教育界にはびこらせたのかもしれない。

当時イギリスで使われていた歴史教科書の中には、『人種差別はどのようにイギリスにやってきたのか』というようなものもあった。アフリカを搾取するイギリスを太った家畜にたとえたイラストも載っている。この教科書は高等教育ではなく、初等教育で使われるものだ。たいへん自尊心を傷つける教科書である。こんな教科書で子どもを教育したのでは、イギリス国民としての自尊心を育てることはできない、とサッチャーは考えた。

そこで八八年の改革では、教科書の記述に、バランスをとるという観点がとりいれられた。たとえば、植民地における奴隷労働の「負」の面を書いたら、イギリスが世界にさきがけて奴隷貿易を廃止したこともきちんと載せる、というものだ。けっして自画自賛する記述はしない。

教育改革は労働党政権にも引き継がれた

つぎが、教育水準の向上である。イギリスでは戦後、国が教育内容をチェックするという仕組みがなく、現場の自主性にまかされていた。そのため、数も満足に数えられない子どもが続出したのである。これを立て直すべく、まず国定のカリキュラムをつくり、全国共通学力テストを実施した。そして、教育省から独立した女王直属の学校査察機関をつくり、五千人以上の査察官を全国に派遣して、国定カリキュラムどおりに教育がおこなわれているかどうかを徹底的にチェックした。

その結果、水準に達していないことがわかった学校は、容赦なく廃校にした。その数は百以上におよぶ。そういう学校に教師を送り出している大学の教育学部までがつぶされた。

もちろん、この改革は現場教師の猛反発をくらうことになった。国会にはデモ隊が押し寄せ、教育大臣の人形が焼かれたり、教員のストが半年も続いたりした。しかし、サッチャーはいっさい妥協しなかった。そしてついに改革をやり遂げたのである。サッチャーの後は、メージャーがこの政策を引き継ぎ、なんと労働党のブレアもこれを引き継いだのだった。しかもブレアは、教育改革は自分たちの成果である、とまで自負しているのである。

ブレア政権は二〇〇五年五月の総選挙に勝って三期目に入ったが、その後、政権の大きな柱として「リスペクト・アクション・プラン」を発表した。教育や子育て、青少年の育成、地域づくり、治安までを含めた、省庁横断的な政策である。

具体的には、たとえば、問題を起こす児童・生徒に対する教員のしつけの権限を法制化したり、地域に悪影響をおよぼすおそれのある問題家庭を二十四時間監視するなど、善悪のけじめをきちんとつけること、犯罪の芽を初期の段階で摘むことに重きをおいている。

だが、これがたんなる治安強化と違うところは、「リスペクト」（尊重する、価値を認める）というキーワードに着目した点である。

ご多分にもれずイギリス社会も、街の落書きから凶悪犯罪にいたるまで、多くの反社会的行為に悩まされている。このアクション・プランは、さまざまな社会問題は人々が昔から共有してきた価値観——たとえば、他者への思いやりとか、権利だけでなく責任を担う意識とか――を喪失してしまったことに根本的な原因がある、という考えから生まれたのだった。

本来、そうした価値観は家庭や学校、地域で身につけるものだが、家庭も学校も地域も、その機能を失ってしまった。そこで、政府みずからが指導的に「あなたがリスペクトの精神で接すれば、自分に返ってくる」(Give respect, Get respect) というキャッチフレーズをかかげ、忘れ去られた「よき価値観」を再構築しようというのである。

国にたいして誇りをもっているか

一九八三年、アメリカでは、レーガン大統領が「危機に立つ国家」という報告書を発表して、教育改革の旗をかかげた。六〇年代からすすんだ教育の自由化は、学力の低下をまねき、享楽主義を蔓延させていたからだった。

この反省から、規律を重んじる教育をおこなうと同時に、ゆとり教育の反対の教育、いわば、詰め込み教育への転換をはかろうとしたのである。いま、日本のゆとり教育が反省を迫られているが、それもそのはずで、じつは日本がお手本にしてきたのは、かつての六〇年代のアメリカの教育だったのである。

占領行政の影響により伝統的価値観を否定する傾向の強い日本をよそに、皮肉なことにアメリカのほうが逆に伝統に回帰するようになってきているのである。

日本青少年研究所が日本・アメリカ・中国の高校生を対象におこなった「高校生の学習意識と日常生活」（二〇〇四年）という調査がある。この結果をみると、日米の教育がめざしてきたもののちがいがよくわかる。

なかでも、わたしがいちばん衝撃を受けたのは、「国に対して誇りをもっているか」という問いにたいする、日米の高校生の回答だ。「もっている」と答えた者が、日本は五〇・九パーセントであったのにたいし、米国は七〇・九パーセント（中国七九・四パーセント）。自国に誇りをもっている若者が半分しかいないのである。

教育の目的は、志ある国民を育て、品格ある国家をつくることだ。そして教育の再興は国家の任である。日本の高校生たちの回答は、わたしたちの国の教育、とりわけ義務教育に、大胆な構造改革が必要であることを示している。

教育改革のための戦略とは

構造改革を実効あらしめるには、目標を設定し、実行し、評価し、それを次の目標に反映させる、というサイクルがしっかりしていなければならない。義務教育の構造改革は、まず国が目標を設定し、法律などの基盤を整備する。つぎに市区町村と学校の権限と責任を拡大して、実行可能にし、最後にその成果を検証する仕組みがあってはじめて完了する。

とすれば、まず義務教育は何を目標にするのかを、あらためてはっきりさせなければならない。

現在、学校教育法は、小学校と中学校のそれぞれの目標を定めている（たとえば第十七条は「小学校は、心身の発達に応じて、初等普通教育を施すことを目的とする」、第十八条は「学校内外の社会生活の経験に基き、人間相互の関係について、正しい理解と共同、自主及び自律の精神を養うこと」……以下、八つの目標をかかげている）が、その見直しをとおして、義務教育の役割を明確にする必要がある。そのさい、義務教育の年限を何年にするかについても検討し直すことになる。

なんといっても、喫緊の課題は学力の向上である。

先ほど紹介した日本青少年研究所の調査に、「学校以外の勉強時間はどのくらいか」という設問があるが、驚いたことに、日本の高校生の四五パーセントが「ほとんどしない」と答えた（アメリカは一五パーセント）。

同研究所が翌年おこなった日・米・中・韓四カ国の高校生にたいする調査には、「どんなタイプの生徒になりたいか」という設問があって、この答えもなかなか興味深い。米・中とも「勉強がよくできる生徒」というのがいちばん多いのに、日本の高校生の多くが選んだのは「クラスのみんなに好かれる生徒」なのである。

また、「現在大事にしていること」を聞くと、米・中・韓は「成績がよくなること」という答えが七割を超えているのに、日本は三割程度だった。

同じ質問をしても、答え方に国民性があらわれるから、この落差をそのまま鵜呑みにするのは問題があるかもしれないが、日本の高校生が「いま勉強するのは自分の将来をよくするためだ」と、あまり思っていないことは明らかである。これでは学力低下を招くのも無理はない。

ゆとり教育の弊害で落ちてしまった学力は、授業時間の増加でとりもどさなければならない。内容の乏しいマンガのような教科書も改めたい。そのためには、学習指導要領を見直して、とくに国語・算数・理科の基礎学力を徹底させる必要がある。

また、全国的な学力調査を実施、その結果を公表するようにするべきではないか。学力調査の結果が悪い学校には支援措置を講じ、それでも改善が見られない場合は、教員の入れ替えなどを強制的におこなえるようにすべきだろう。この学力テストには、私学も参加させる。そうすれば、保護者に学校選択の指標を提供できる。

ダメ教師には辞めていただく

教員の質の確保も大きな問題である。

わいせつ教師はいうにおよばず、指導力不足の教員が増えつづけている。最近の例では、理科教師なのに、実験の最中、誤って火で生徒の制服に穴をあけたり、薬品をたらしてカバンを変色させたりするので、県教委が免職にしたという教員がいた。生徒と正常なコミュニケーションのとれない問題教師は枚挙にいとまがない。

公立学校の教員の地位は、従来、地方公務員法で強く守られてきた。近年ようやく、免職することができるようになってきたが、あらかじめ質を確保するためには、教員免許の更新制度を導入するのもひとつの方法ではないか。

年功序列の昇進・給与システムを見直して、やる気と能力のある教員が優遇されるようにしなければならない。これは二〇〇八年度をめどに実施される予定である。企業人など異分野の人材の中途採用も少しずつ進んできたが、もっと多様な人材が学校教育の場に参入できるようにすべきではないだろうか。学校という閉鎖的な空間に外の新しい空気が入ってくることで、競争が生まれ、教師の質の向上がうながされるからである。

ぜひ実施したいと思っているのは、サッチャー改革がおこなったような学校評価制度の導入である。学力ばかりでなく、学校の管理運営、生徒指導の状況などを国の監査官が評価する仕組みだ。問題校には、文科相が教職員の入れ替えや、民営への移管を命じることができるようにする。もちろん、そのためには、第三者機関（たとえば「教育水準保障機構」というような名称のもの）を設立し、監査官はそこで徹底的に訓練しなければならない。監査の状況は国会報告事項にすべきだろう。

学校運営の改革という面では、校長の権限の拡大と、保護者の参加が求められる。また、地元住民や地元企業が学校の運営に参加できるようにすれば、さらに大きな意味がある。近年、子どもが犠牲になる痛ましい事件があいついでいる。地域住民のボランティアによる巡回などが各地で定着してきたが、町ぐるみで子どもを守り育てるという意識が高まるのは歓迎すべきことだと思う。公教育は地元に根ざしてこそ、その役割をまっとうできるのだから。

もうひとつ、義務教育の改革の前に必要なのが幼児教育の改革である。これはいま、すでにすすんでいるが、幼稚園と保育所を一体化した「子ども園」という施設を認定する制度だ。これまで、幼稚園は文部科学省所管の教育施設、保育所は厚生労働省所管の児童福祉施設に分かれていて、たとえば保育所では原則として幼児教育をおこなうことができなかった。いっぽう、幼稚園では原則一日四時間しか子どもを預かることができない。母親が働く家庭が増えて、幼稚園は定員割れ、保育所は待機児童が列をなす、という状況になったことが改革をうながす結果になった。

今後は、三〜五歳を対象とする子ども園で、幼児教育をになう。それが義務教育の充実につながっていくだろう。

学力回復より時間がかかるモラルの回復

じつをいえば、日本の子どもたちの学力の低下については、わたしはそれほど心配していない。もともと高い学力があった国だし、事実いまでも、小学生が九九をそらんじているというのは、世界のトップレベルに近い。したがって、前述したような大胆な教育改革を導入すれば、学力の回復は、比較的短期間にはかれるのではないか。

問題はモラルの低下のほうである。とりわけ気がかりなのは、若者たちが刹那的なことだ。前述した日本青少年研究所の意識調査（二〇〇四年）では、「若いときは将来のことを思い悩むより、そのときを大いに楽しむべきだ」と考えている高校生が、アメリカの三九・七パーセントにたいし、五〇・七パーセントもいた。若者が未来を信じなくなれば、社会は活力を失い、秩序はおのずから崩壊していく。

教育は学校だけで全うできるものではない。何よりも大切なのは、家庭である。だからモラルの回復には時間がかかる。ある世代に成果があらわれたとしても、その世代が親になり、つぎの世代が育つころにならなければ、社会のモラルは回復したことにならないからである。

かつては家庭と地域社会が子どもたちのモラルを醸成する役割を果たしていた。人と人との助け合いをとおして、道徳を学び、健全な地域社会が構成されてきたのである。

そこで考えられるのが、若者たちにボランティアを通して、人と人とのつながりの大切さを学んでもらう方法だ。人間は一人では生きていけないのだ、ということを知るうえで、また、自分が他人の役に立てる存在だったということを発見するうえでも、ボランティアは貴重な体験になる。

たとえば、大学入学の条件として、一定のボランティア活動を義務づける方法が考えられる。大学の入学時期を原則九月にあらため、高校卒業後、大学の合格決定があったら、それから三カ月間をその活動にあてるのである。

ボランティアの義務づけというと、自発的にやるからボランティアなのであって、強制するのは意味がないとか、やる気のない若者がやってきても現場が迷惑する、というような批判がかならず出る。しかし、みんなが助け合いながら共生する社会をつくりあげるためには、たとえ最初は強制であっても、まず若者にそうした機会を与えることに大きな意味があるのではないか。

「大草原の小さな家」にみる家族

アメリカではベトナム戦争後、ドラッグが蔓延し、学校も家庭も荒廃していった。レーガン大統領は、学校教育の立て直しと同時に、家族の価値の見直しをすすめた。このとき、レーガン大統領がアメリカの理想の家族として掲げたのが、日本でもテレビでおなじみになった「大草原の小さな家」である。

南北戦争のすぐあとに農家に生まれ、十六歳で開拓地の学校の先生になったローラ・インガルス・ワイルダーという女性が、六十四歳のときに書き始めた自分の家族の思い出話だ。貧しいけれど、頼りになるお父さんとお母さんがいて、みんなして助け合って暮らす開拓農家の物語である。

この家族は敬虔なプロテスタントであり、汗を流すことをいとわない一家であった。その設定が、くしくもアメリカ人の開拓時代のスピリットを喚起させ、郷愁を誘うことになるのだが、それはまさに、古きよき時代のアメリカの理想の家族のイメージでもあった。

こうした家族の価値の見直しを打ち出したレーガン政権は、復古主義だという批判を浴びることになった。しかし、それから二十年たったいま、民主、共和両党が「家族の価値」という言葉を使うようになったのである。アメリカの家族の崩壊は、こうしたスローガンによって食い止められたといってよい。

家族のモデルを提示しない日本の教育

わたしたちは、生まれついた性によって社会的差別を受けたり、生き方を規制されたりしない、そして女性も男性もそれぞれ同じように能力を活かせる社会をめざしている。そうしたなか、近年ジェンダーフリーという概念が登場した。生物学的性差や文化的背景もすべて否定するラディカルな考えをも包含する和製英語だ。

しかし近年、ジェンダーフリーの名のもとに、端午の節句やひなまつりまで「男らしさ・女らしさ」を押しつけるといって否定するような教育が行われていることが指摘され、東京都教育委員会のように、この用語を使うことを禁じる自治体も出てきた。

その結果、行政ではジェンダーフリーということばは使われなくなってきたが、ジェンダーフリー的な考え方は、教育現場に広く普及している。

家庭科の教科書などは、「典型的な家族のモデル」を示さず、「家族には多様なかたちがあっていい」と説明する。生まれついた性によってワクをはめてはならないという考えからだ。

以前わたしは、自民党の「過激な性教育・ジェンダーフリー教育実態調査プロジェクトチーム」の座長をつとめていたが、そこの事務局長の山谷えり子さん（参議院議員）が、国会で何度もこのことを指摘した。

たとえば、高校で使われていた家庭科の教科書に、「祖母は孫を家族と考えていても、孫は祖母を家族と考えない場合もあるだろう」、そして「犬や猫のペットを大切な家族の一員と考える人もある」といった記述があった。

同棲、離婚家庭、再婚家庭、シングルマザー、同性愛のカップル、そして犬と暮らす人……どれも家族だ、と教科書は教える。そこでは、父と母がいて子どもがいる、ごくふつうの家族は、いろいろあるパターンのなかのひとつにすぎないのだ。

たしかに家族にはさまざまなかたちがあるのが現実だし、あっていい。しかし、子どもたちにしっかりした家族のモデルを示すのは、教育の使命ではないだろうか。

「家族、このすばらしきもの」という価値観

わたしには子どもがいない。だからこそよけい感じるのかもしれないが、家族がいて、子どもがいるというのは、損得勘定抜きでいいものだなあ、と思うことがよくある。

少子化に関する世論調査で「お金がかかるから産めない」あるいは「産まない」という答えをよく目にする。たしかに子育ては大変でお金もかかり、何かを犠牲にしなければならないかもしれない。しかし、そうした苦労をいとわない、損得を超えた価値があるのではないか。

子どもというのは、親の人生に圧倒的な充足感を与えるものだ。とくに三人以上の子をもった人たちは、充足感が高いという調査結果がある。

当たり前のようだが、わたしたちは、若い人たちに「家族をもつことのよさ」「家族の

いることのすばらしさ」を教えていく必要があるのではないか。いくら少子化対策によって子育てしやすい社会をつくっても、家族とはいいものだ、だから子どもがほしい、と思わなければ、なかなかつくる気にはならないだろう。

家族が崩壊しつつある、といわれて久しい。離婚率が上がり、シングルマザーやシングルファーザーに育てられた子や再婚家庭の子も増えている。現実問題として、少年院に収容されている少年たちの九割近くが、家庭に問題を抱えているといわれる。

誤解されると困るが、そういう家庭に育った人が不幸せだとか、問題を起こすというつもりなど毛頭ない。私の父親の安倍晋太郎も、生まれたときに両親が離婚して、父・安倍寛の郷里に引き取られ、大伯母に育てられた。

戦時中、翼賛選挙に抗して軍部の弾圧を受けながら代議士を続けた安倍寛は、戦争が終わってこれからというときの一九四六年（昭和二十一年）に五十一歳で急死した。晋太郎が大学生のときだった。

顔も知らない実の母親を探し歩いたが、再婚先でとうの昔に亡くなっていた。母親代わりだった大伯母も、寛のあとを追うように亡くなった。このとき、わたしの父は、天涯孤独も同然の身の上になったのだった。だから、わたしの父は、母親の愛というものを知らない。「わたしは、ずうっと母親が欲しかった」とよくいっていた。親がいなければ、どんな人間でも淋しい思いをするものだ。

家族のかたちは、理想どおりにはいかない。それでも、「お父さんとお母さんと子どもがいて、おじいちゃんもおばあちゃんも含めてみんな家族だ」という家族観と、「そういう家族が仲良く暮らすのがいちばんの幸せだ」という価値観は、守り続けていくべきだと思う。

映画「三丁目の夕日」が描いたもの

日本の映画賞を総なめにした映画「ＡＬＷＡＹＳ　三丁目の夕日」を観た。舞台となるのは昭和三十三年、建設中の東京タワーのそばの下町だ。みんなが貧しいが、地域の人々はあたたかいつながりのなかで、豊かさを手に入れる夢を抱いて生きていく様子が描かれる。

昭和三十三年といえば、テレビでアメリカのホームドラマ「パパは何でも知っている」が放映されていた年である。翌年には「ビーバーちゃん」や「うちのママは世界一」が放映された。わたしもそれらを見て、アメリカの家庭の豊かさに圧倒された一人だった。

広い家と広い庭。室内には電化製品がたくさんあり、冷蔵庫の中にはいつもミルクびんやジュースが入っていて、子どもごころに、「ああ、日本も早くこんな国になればいいなあ」と思ったものだ。

映画の主人公の一家も、テレビが入り、木の冷蔵庫が電気冷蔵庫に変わり……物質的な豊かさがつぎつぎと実現していく。ところが、映画は後半、それと矛盾するように、お金では買えないもののすばらしさを描いていく。

売れない小説家の茶川竜之介が、なけなしのお金でプロポーズの指輪を買おうとするのだが、そのお金で少年に万年筆を買ってしまったため、指輪の箱しか買えなかった。「いつか買うから」といってカラの箱を贈られた女性ヒロミは、箱をあけ、「指輪をつけて」という。そして箱からとりだした見えない指輪を薬指にはめてもらい、静かに涙を流した。それは彼女にとって、ティファニーやカルティエの指輪に勝るとも劣らぬプレゼントだった――。

東京タワーが戦後復興と物質的豊かさの象徴だとすれば、まぼろしの指輪はお金で買えない価値の象徴である。

この映画は、昭和三十三年という時代を記憶している人たちだけではなく、そんな時代を知るはずのない若い人たちにも絶賛された。いまの時代に忘れられがちな家族の情愛や、人と人とのあたたかいつながりが、世代を超え、時代を超えて見るものに訴えかけてきたからだった。

「お金以外のもの」のために戦った野球チーム

二〇〇六年三月、野球の国別対抗「ワールド・ベースボール・クラシック」（WBC）は、多くの日本人をテレビにくぎづけにさせた。決勝戦のときは、たまたま打ち合わせの最中だったが、さすがにわたしも気になって、ちらちらテレビを見やっていた。九回の裏、キューバ選手のバットが、大塚晶則投手のスライダーに空を切った瞬間には、思わず「よしっ」と声がでてしまった。

チームを率いた王貞治監督は、優勝祝賀会で頭からシャンパンを浴びながら、

「みんなで日の丸を背負って戦って最高の結果を出せた。日本の野球のすごさをわかってもらえたんですから、監督としてこんなうれしいことはない」

と、満面の笑みだった。

マリナーズで十億円を超える年俸をもらうというイチロー選手は、試合後のインタビュ

ーで、「世界一を決める大会だから、参加した。シーズンのこととかはまったく考えていない」といった。そして、「僕の野球人生においてもっとも大きな日。すばらしい仲間といっしょにプレーできて嬉しい……ファンの注目度や選手のモチベーションを考えると、すばらしい大会だった」と。

同じ日、敗北を喫したキューバの監督が記者会見で、「優勝に値するチームだ」と日本チームをほめたたえたあと、たしかこんなことをいっていた。

「お金のためではなく、自分の国のために戦うことがどれほど素晴らしいかがわかった大会だった」

社会主義国のキューバでは、選手も監督も公務員である。だから当然といえば当然だが、そのラテン特有の明るい語り口には、自分たちのモチベーションが理解されたという誇らしさがにじみでていた。

日本は格差社会になったのか

ここ数年、所得格差を示すジニ係数が上昇してきていることをもって、格差社会の到来を心配する声が高まっている。

ジニ係数というのは、1に近づくほど国民の間の所得格差が大きいことをあらわす数字（全国民が同じ所得だと0になる）である。二〇〇一年の所得再分配調査で、税金などを差し引かれる前の当初所得で見ると、たしかに過去最高の0・4983を示している。その原因のひとつは、所得格差の大きな高齢者世帯が増えたことである。租税や年金には所得を再分配して全体をならすという働きがあるので、そうした再分配を経たあとの数値は0・3812になり、それほど顕著な格差の拡大はみられない。

だが、一億総中流といわれた過去の日本にくらべれば、格差が出てきているのは事実である。この格差をどう考えるべきか。

まず、格差のまったくない、ジニ係数が0になるような社会はありえない。もしあったとしたら、それは努力しようとしまいと、結果が同じ社会で、なんの活力も生まれないだろう。

昭和三十年代の日本では、多くの国民がまだ貧しかったが、努力すれば豊かになれることを知っていた。だから希望をもてたのだ。あれは高度成長期だからあり得たのだという人がいるかもしれない。でも、そうだろうか。努力した者が報われる社会なら、低成長時代であろうと誰もが希望をもてるはずである。

努力が正当に報われるためには、競争がフェアにおこなわれなければならない。構造改革がめざしてきたのはそういう社会である。既得権益をもつ者が得をするのではなく、フェアな競争がおこなわれ、それが正当に評価される社会なのである。

競争がおこなわれれば、勝つ人と負ける人が出る。構造改革が進んだ結果、格差があらわれてきたのは、ある意味で自然なことであろう。このとき大切なのは、セーフティネットの存在である。

人は誰でも失敗する可能性があるし、不幸にして病気になることもある。そういうときの保障がきちんと手当てされていなければ、再挑戦が不可能になる。

自助努力を旨とするアメリカでは、医療保険は民間の保険が中心になっていて、貧しい者は十分な医療を受けられないという現実がある。いっぽう日本は、国民同士が助け合う皆保険の制度を選び、そのシステムを持続させてきた。努力が報われる社会をめざすというのは、けっしてアメリカのまねをすることではないのである。

警戒すべきは格差の再生産

もうひとつのポイントは、格差が固定されないようにすることである。勝った者が新しい既得権益を手にしたり、負けた者が再挑戦を許されないような社会になるのは、絶対に防がなければならない。

その意味で、フリーターやパートなどの非正規雇用者の拡大やニートの増加は、これからの大きな課題だ。フリーターは年齢が高くなればなるほど正社員への転換がむずかしくなることが、調査で明らかになっている。

また企業のほうも、賃金が低く、人員の増減がしやすい非正規雇用者を必要としているという事情がある。したがって、フリーターは将来にわたって低所得のままになるおそれがある。ニートの場合はさらに深刻だ。

教育学者らの調査によれば、親が高所得者で、教育に対して高い意識をもっている家庭では、子どもの教育水準が高くなり、結果として子ども自身が高所得者になる傾向がみられるという。この傾向がつづけば、高所得者と低所得者の階層が固定されてしまい、社会不安を招きかねない。低所得者の子弟でも高い水準の教育を受けられるような仕組みが必要なのは当然のことである。

その対策のひとつとして期待されるのが教育バウチャー制度である。バウチャーとは、英語でクーポン券のようなもののことをいう。アメリカでは、私立学校の学費を公費で補助する政策をスクール・バウチャーと呼ぶ。それによって、保護者はお金のあるなしにかかわらず、わが子を公立にも私立にも行かせることができる。

もちろん、経済的に豊かになることが人生の目的ではないし、正規雇用されなければ不幸になるわけでもない。人間にとって大事なのは生きがいであり、働きがいである。

ニートの若者たちが働かない、あるいは働けない理由のなかには、「自分に向いた仕事がみつからない」「自分が何に向いているのかわからない」というのがある。生まれたときからモノに囲まれて育った彼らは、父親たちの世代のように経済的に豊かになることを「希望」だとは思っていない。

高齢者のデイサービス事業を通じてニートの社会復帰を支援しているあるNPOの代表は、「ニートの若者たちのスローなテンポは、お年寄りたちに評判がいい。彼らはお年寄りをせかさないからだ」といっている。同時に、「彼らはひとの役に立つ仕事を求めている」ともいう。

政府はいま、ニート問題では先行しているヨーロッパを参考に、若者の就業支援をはじめている。しかし、そうした支援を実効あらしめるためには、何より彼らの「希望」がほんとうはどこにあるのかを、わたしたちがきちっと見定める必要があるのではないだろうか。

再チャレンジの可能な社会へ

わたしたちが進めている改革は、頑張った人、汗を流した人、一生懸命知恵を出した人が報われる社会をつくることである。そのためには公平公正、フェアな競争がおこなわれるように担保しなければならない。競争の結果、ときには勝つこともあれば負けることもあるが、それを負け組、勝ち組として固定化、あるいは階級化してはならない。誰もが意欲さえあれば、何度でもチャレンジできる社会である。

そういう「再チャレンジ可能な社会」には、人生の各段階で多様な選択肢が用意されていなければならない。再チャレンジを可能にする柔軟で多様な社会の仕組みを構築する必要がある。

たとえば、十八歳のとき受験に失敗した人が、二十七歳のとき、もう一度勉強して人生を変えたいと思い立てば、働きながら大学や大学院で、社会で役に立つ実践的な講座を受講することができる。そしてそれは社会から評価され、キャリアアップにもつながる、そういう社会をつくっていくのである。

一回の失敗で人生の決まる単線的社会から、働き方、学び方、暮らし方が複線化された社会に変えていきたいと思う。

わたしたちの国日本は、美しい自然に恵まれた、長い歴史と独自の文化をもつ国だ。そして、まだまだ大いなる可能性を秘めている。この可能性を引きだすことができるのは、わたしたちの勇気と英知と努力だと思う。日本人であることを卑下するより、誇りに思い、未来を切り拓くために汗を流すべきではないだろうか。

日本の欠点を語ることに生きがいを求めるのではなく、日本の明日のために何をなすべきかを語り合おうではないか。

おわりに

「いまの若い人は……」という言い方は、いつの時代も変わらないものである。わたしが二十代の頃は年配者にそう言われていたし、わたしの父も、若い頃そう言われたと、よく話していた。

わたしもたまに「いまの若い人は」と思うときがあって、ハッとすることがある。自分ももうそんな年齢に達したのか、という感慨である。

「いまの若い人たちは、政治に対して無関心か、ワイドショー的な興味しか抱いていない」

と言う政治家がいる。

「わたしたちの若い頃は学生運動に熱中したものだ。そもそもいまの若者は、政治に対して全く興味がない」

と、昔を振り返る団塊世代の人たちもいる。

政治家という職業柄、わたしは全国を遊説して回るが、若い人たちと座談の機会を持つとき、たしかにそうした彼らの政治に対するクールでニヒルな態度が気になることがある。でもわたしは、それは若者特有の表現の仕方であり、特性の一つではないかと思う。なぜなら、よくよく話すと、彼らは人のために何か役に立てればいいなと考えているし、必要とされている自分を確認したいとも思っている。また、声こそ大きくないが、間違いなく世の中を良くしたいと願っているし、政治に参加したいと希望しているのがひしひしと伝わってくるからだ。

未来は不変のものではなく、みんなの努力によって創り出されていくのだということはわかっていても、一歩前に出ることを躊躇《ため》う若者は多い。とすれば、彼らに勇気をあたえ、何をすべきかを示す責任があるのは、ほかならぬ政治家なのではないだろうか。

十九世紀のイギリスの保守政治家、ベンジャミン・ディズレーリは、若い頃に著した小説『ビビアン・グレイ』のなかで、「青年のとまどいは人類の失望をもたらす。願わくは、先達が営々として築いてきたものが無駄にならないように」と言った。

本書は、いわゆる政策提言のための本ではない。わたしが十代、二十代の頃、どんなことを考えていたか、わたしの生まれたこの国に対してどんな感情を抱いていたか、そしていま、政治家としてどう行動すべきなのか、を正直につづったものだ。だから若い人たちに読んでほしいと思って書いた。この国を自信と誇りの持てる国にしたいという気持ちを、少しでも若い世代に伝えたかったからである。
政治は未来のためにある――わたしの政治家としての根っこにある想いを知っていただければ望外の喜びである。

二〇〇六年七月

安倍晋三

増補　最終章　新しい国へ

デフレ退治と日銀改革

日本にとって、喫緊の課題が経済対策であることは誰の目にも明らかです。

現下の経済状況における最大の問題は、一九九七年以来の長引くデフレに他なりません。デフレは労働者の雇用を奪い、社会保障を危機に陥れ、国民生活を疲弊させます。

巷には、少子高齢化を迎える日本においては、デフレは避けられないという議論もありますが、これは誤りです。実際に多くの国は、人口が減少していても、デフレには陥っていません。なぜなら、政府と中央銀行が協調した金融政策によってデフレを脱却しているからです。

翻って日本はどうか。日本銀行は、二〇一二年二月の金融政策決定会合でデフレ脱却の物価上昇の〝目途《めど》〟を「一パーセント」と決めていますが、目途はあくまで目途で目標ではありません。「こうすれば、来年はこうなっているでしょう」というだけで責任を伴いません。

そこで我々が政権を獲った際には、政府と日本銀行が政策協定を結び、明確なインフレターゲットを設定します。具体的な数字は、専門家との議論の過程で決まっていくわけですが、わが党としては、物価目標「二パーセント」を目指すべきと考えています。

これに対して、野田佳彦総理や日本銀行は「日銀の独立性を脅かす」「財政規律がゆるむ」という批判をしました。

日銀の独立性についてお話をします。世界の中央銀行は政策手段については独立性を担保されていますが、政策目標については、多くの中央銀行は政府と共通の目標を定めています。それが、インフレ目標でありますが、日本の場合は、目標も手段も日銀の独立性に委ねられています。私は日本銀行が、市場において新たな建設国債相当分の公債を買いオペを行って買い取るべきだと、手段に係ることを申し上げました。日本銀行の独立性とは、政府と日本銀行との関係です。日本銀行の総裁は求められれば国会に出席し、説明しなければなりません。当然、政策手段についても議論することになります。つまり、野党の党首である私が政策手段について述べることは、この範囲に入るわけです。

むしろ、前原誠司・経済財政担当大臣が「日銀は外債を購入すべきだ」と述べたことこそ、日銀の独立性を損なっていると言えるでしょう。そして私のこの議論に対し、世界的に有名なイェール大学の浜田宏一教授から連絡を頂戴しました。浜田教授は、こうおっしゃいました。

「日銀法改正以来、日本経済が世界諸国のほぼテールエンドの足跡を示していることから、そこでの金融政策が不十分であったことは明らかです。金融拡張が当り前の処方箋です。野田総理は、金融に訴えるのは世界の非常識と言われますが、金融に訴えないという議論こそ、現在の世界の経済学から見れば非常識です。最近私がマンキュー、ハバード、ノードハウスなど超一流学者にインタビューして確認しました。総裁のおっしゃったように日銀が国債を大規模に買い入れればよいのです」

さらに「ゴルフに例えれば、今の日銀は雇用改善、景気回復という目標のホールを目指さずに、ホールの向こう側には〈ありもしない〉崖があると称して、バンカーに入ったボールをホールの方向に打たない、あるいはパターでしか打たないゴルファーのようなものです」と、大変分かりやすい例えをされておられました。

彼は白川方明総裁の恩師に当たる人物であります。この金融論争においては、市場が示す通り、勝負あったと思っています。

一方で、デフレから脱却するためには、金融政策と同時に財政政策も必要と考えています。国民の命や子どもたちの安全を守るための投資、地域が生産性を高め、競争力を得るための未来への投資は行うべきだと考えます。

また、東日本大震災からの東北復興も大きな政治課題です。国直轄の道路や鉄道は現状で九七パーセント復興していますが、住宅については二〇パーセント程度にとどまっています。

私はまず復興庁の意識を変えていく必要があるだろうと思います。復興庁の仕事の実態は、被災自治体が申請した復興交付金の使途を厳しく審査する「査定庁」となりつつあります。復興庁は復興交付金の使途を「最低限の生活再建」と限定しているため、各自治体の最初の申請のうち認可されたのは、六割未満にすぎません。

しかしながら、被災地からの要請を、東京の役所の卓上で審査するだけでは、東北復興などできようはずもない。復興庁の職員は、原則は現地に拠点を置き、現地の人たちの声を吸い上げながら、どうすれば彼らの要望を叶えて、東北の復興につなげていけるかと考えるべきでしょう。

さらに言えば、東北復興に求められるのは、「最低限の生活再建」ではありません。東北に経済特区を設置するという計画もありますが、大事なことは、震災をバネにして、創造と可能性の地としての「新たな東北」を創造していくことではないかと思います。

かつて日本は、東海道新幹線、名神高速道路、黒部ダムといった国家の〝大動脈〟となるインフラを、世界銀行から借金をしながら、創り上げ、それらは後の高度経済成長を促す社会的な基盤となりました。将来の国民に資する正しい投資は、借金をしてでも行うべきであり、円高デフレで金利が安い現状は、その大きなチャンスです。

一方で、公共投資を増やせば、累積債務の絶対額もまた増加します。しかし同時に名目GDPは大きくなっていきます。言うまでもなく名目GDPとは、物価上昇率に実質成長率を足した数値です。重要なのは、負債額そのものよりも、名目GDP比の水準であると思います。

この二十年間を振り返って、はっきりしていることは、名目GDPが増えれば税収は増えていくし、名目GDPが減れば、税収は減少していくという当然すぎることです。

自民党は税と社会保障の一体改革に賛成しました。現実問題として年金医療介護・社会保障費の給付額が全体で毎年三兆円、国が税で負担する分だけでも一兆円ずつ増加していくなかで、何とか財源を確保し、かつ国際社会の日本に対する信認を繋ぎとめるためには、背に腹は替えられなかったからです。

ただ、残念ながら、税率を上げることとイコール税収が増えていくことにはなりません。

一九九七年に消費税を三パーセントから五パーセントに上げたときは、五十四兆円だった税収は、翌年度は四十九兆円に減少し、それ以降、五十四兆円に到達したことは一度もない。

結局、債務を減らして、プライマリーバランスの黒字化を成し遂げるためには、名目GDPを増やすしかない。

二〇〇六年、当時の小泉内閣は二〇一一年までに、プライマリーバランスを黒字化するという目標を立てましたが、現実の一一年度の収支はマイナス三十一兆円。私の内閣（二〇〇七年）では、マイナス六兆円まで改善しました。一パーセントの増税をすることなく、約二十二兆円圧縮できたのは、一ドル百二十円台まで円高を是正し、成長戦略によって投資を呼び込み、デフレを緩和させることができたからです。

成長戦略をどう描くか

ではどうやって経済成長を達成するのか。

自民党は、二〇一二年十月に「日本経済再生本部」を立ち上げました。毎回、日本の英知と呼ぶべき方々を招いてお話をうかがいながら、日本の成長戦略の在り方について議論を重ねています。わが党が政権を獲った際には、総理大臣が本部長を務める形で、官邸にこれを設置します。

私は今後の成長戦略のカギとなるのは、イノベーションだと思います。日本が誇る人材力と技術力と文化力を結集し、国家と人類が抱える「新しい課題」にブレイクスルーをもたらすような新しい技術やアイデア、創造的な取り組みが必要になってくる。

先日、日本経済再生本部に、ノーベル賞を受賞された山中伸弥先生にお越しいただきました。山中先生に日本における研究支援体制の現状をうかがい、成長戦略の核となるはずの科学全般や基礎医学においてさえ、諸外国と比べても日本の支援体制は貧弱であるということを思い知らされました。これでは成長は覚束ない。

先ごろ、世界のスーパーコンピューターのランキングが発表され、日本のスパコン「京」は前回の二位から、三位に転落してしまいました。この「京」プロジェクトは、安倍内閣が世界一のスパコンをつくるという目的で、神戸でスタートさせることを決定したものです。

民主党の事業仕分けで槍玉に挙げられたこのスパコンを使って、実際にはパーキンソン病やアルツハイマー病といった難病に対する画期的な新薬の開発が進んでおり、神戸においては、スパコンを中心に再生医療のベンチャー企業などが約二百二十社進出しています。

こうした分野でのイノベーションが、高齢化社会を迎える日本が活力を取り戻すためには不可欠であり、かつ日本に莫大な富をもたらすことは想像に難くない。やはり何があっても、一位を目指し続けなければならないのです。

一方で、将来的な人口減少が不可避である日本においては、世界とくにアジアの市場を視野に入れる必要があります。アジアにおけるヒト・モノ・カネの移動をできるだけ自由にして、アジアの成長を日本の成長に取り込むことを考えなければならない。具体的にはアジア各国との間でFTA（自由貿易協定）やEPA（経済連携協定）などを積極的に推進していくことも重要です。

これに関連して、野田総理が衆院選のマニフェストに盛り込んだTPP（環太平洋経済連携協定）についても一言触れておきたいと思います。

御承知の通り、自民党は『聖域なき関税撤廃』を前提にする限り、TPP交渉参加に反対」という立場をとっております。なぜなら、あらかじめ「関税ゼロ」であることを呑んでしまっては、守るべきものは守れません。「TPPは第三の黒船だ。開国しないと日本の未来はない」という感情論に流されて、現実を見失うべきではありません。

日本は、民主党政権が主張してきたように、本当に「開国」していないのでしょうか。

例えば日本の平均関税率は三・三パーセントですが、対してアメリカは三・九パーセント、EUは四・四パーセント、韓国は八・九パーセントです。農産物はアメリカの五・五パーセントと比べると、一一・七パーセントと高くなりますが、これもEUの一九・五パーセントよりは低い。韓国に至っては、六二・二パーセントです。

この数字を見る限り、日本は十分開国しているのに、菅直人総理（当時）は「開国しないといけない」と言ったものだから、「じゃあ、開国しろ」と相手に強い立場に立たれてしまった。交渉術としては、あまりに稚拙です。

今、問われているのは、交渉する上での総合力です。国益を守っていくことができるのかをしっかり見極め、対応していくのは当然だと考えます。

「瑞穂の国」の資本主義

特に総理を辞めてからの五年間、講演やミニ集会などで地方の窮状を実感する機会が数多くありました。

例えば私の地元である山陰地方の場合、新幹線もなければ高速道路もない。人件費は東京に比べれば安いですが、中国やミャンマーなどに比べれば高い。つまり企業を誘致しようにも、来てくれないわけです。しかしながら、日中関係が不安定な中で、日本の地方に眠る質の高い労働力に注目が集まりつつあります。交通や道路などのインフラを整備し、国内におけるヒト・モノ・カネの移動の速度を上げることで、こうした国内資産を活用できるはずです。あるいは、私の地元や九州の場合、地理的な距離でいえば、東京よりも中国の都市の方が近い。場合によっては日本の高品質な農産物の中国への輸出、労働力の交流も直接行った方が双方に利益があるかもしれません。

私は長期的には、東京一極集中を解消して道州制を導入すべきだろうと考えています。日本を十くらいのブロックに分けて、そこに中央政府から人を移して、州政府のようなものをつくり、その下に基礎自治体が有るイメージです。そうすることで、いちいち中央を通さなくても、各州が独自の判断でスピーディーに動くことができる。

東京だけでなく、日本全体が活力を取り戻さない限り、日本の再生はありえないと私は考えています。

日本という国は古来、朝早く起きて、汗を流して田畑を耕し、水を分かちあいながら、秋になれば天皇家を中心に五穀豊穣を祈ってきた、「瑞穂の国」であります。自立自助を基本とし、不幸にして誰かが病で倒れれば、村の人たちみんなでこれを助ける。これが日本古来の社会保障であり、日本人のＤＮＡに組み込まれているものです。

私は瑞穂の国には、瑞穂の国にふさわしい資本主義があるのだろうと思っています。自由な競争と開かれた経済を重視しつつ、しかし、ウォール街から世間を席巻した、強欲を原動力とするような資本主義ではなく、道義を重んじ、真の豊かさを知る、瑞穂の国には瑞穂の国にふさわしい市場主義の形があります。

安倍家のルーツは長門市、かつての油谷町です。そこには、棚田があります。日本海に面していて、水を張っているときは、ひとつひとつの棚田に月が映り、遠くの漁火が映り、それは息をのむほど美しい。

棚田は労働生産性も低く、経済合理性からすればナンセンスかもしれません。しかしこの美しい棚田があってこそ、私の故郷なのです。そして、その田園風景があってこそ、麗しい日本ではないかと思います。市場主義の中で、伝統、文化、地域が重んじられる、瑞穂の国にふさわしい経済のあり方を考えていきたいと思います。

「外交敗北」を乗り越えて

さて、国外に目を転じると、民主党政権の三年間は、まさに「外交敗北」の三年間でした。北方領土にロシア首脳が、竹島に韓国大統領が上陸する。尖閣諸島周辺のわが国の領海を中国の公船が頻繁に侵犯する。中国政府高官が「尖閣諸島には核心的利益がある」と発言する――。

いずれも自民党政権時代にはありえなかったことです。なぜこうしたことが起きたのか。一言でいえば、民主党政権が日米関係の信頼を毀損したからに他なりません。

象徴的なのは、民主党政権発足直後、日中韓の首脳会談に出席した際の鳩山由紀夫総理（当時）の発言です。鳩山総理は会談の冒頭でいきなり「今まで日本はややもすると米国に依存し過ぎていた。日米同盟は重要だが、アジアの一国としてアジアをもっと重視する政策を作り上げていきたい」と口走ったのです。

この発言を聞いた、ある知日派の国防総省高官は、私にこう述べました。

「ハトヤマは日米関係の本質をわかっていない。日米関係と日中関係がまるで同じ重さであるかのように語っているが、日米関係は同盟関係、すなわちアメリカの若い兵士が、日本が侵略された際には日本のために命を懸けて戦うということをまったく理解していない。中国はこの発言を聞いて、飛び上がって喜び、同時にその浅はかさを軽蔑したことだろう。

民主党が政権の座にあるうちに日本から奪えるものはすべて奪ってやろう、そう考えたはずだ」

不幸にして、この高官の予言は、まさに的中しました。

尖閣問題について、よく「外交交渉で解決していく」という人がいますが、この問題に外交交渉の余地などありません。尖閣海域で求められているのは、交渉ではなく、誤解を恐れずにいえば物理的な力です。日本の実効支配は、十二海里の日本の領海に海上保安庁の巡視船を二十四時間配置し、領海侵犯する中国船を即刻立ち去らせることで、成立しています。中国側は一度に七隻もの船を日本の接続水域内に送り込むなどして、この実効支配を奪うチャンスをうかがって、明確にチャレンジしてきている。

私が危惧するのは、ある日、海上保安庁の船を上回る数の船が日本の領海に侵入してきて、二十四時間居座ると同時に、世界に向けて「中国は尖閣海域の実効支配を確立した」とアナウンスする事態です。さらに彼らは「しかし、すべてを奪うつもりはない。尖閣を日中で共同管理し、資源を共同開発するという線まで譲歩してもよい」と続けるでしょう。中国側が「譲歩」した格好をとることで、世界は中国の言い分に耳を傾けることになるかもしれない。

そうした事態を招かぬよう、今こそ、わが国の意思を示すべきときです。まず意図的に主権侵害をする船に対しては、領海侵犯罪のようなものを国内法で定める。国際法上は、領海侵犯した船に対しては銃撃が認められていますが、国内法を定めることで明確に国家としての意思を示すわけです。

もうひとつは既に述べた物理的な面から、我々が政権に就いた際には、海上保安庁や防衛省の予算を増額します。海上保安庁は、領海と排他的経済水域を合わせて世界第六位にあたる広大な海を守っていますが、その予算規模は年間わずか千八百億円。これは東京消防庁の年間約二千四百億円にも及びません。巡視船や人員もまったく足りていないのが現状です。巡視船の新規建造には約二年かかるので、緊急措置として退役した自衛艦を海上保安庁に転籍させることも考えられます。

民主党の閣僚の中には「安倍晋三が総理大臣になったら、日中間は戦争になる」という非現実的な懸念を表明する人物もいます。そうした方は、私の総理としての最初の訪問先が中国だったことをお忘れなのかもしれない。私は当時の胡錦濤国家主席や温家宝総理と、新たな日中関係として「戦略的互恵関係」を築くという合意に達しました。

戦略的互恵関係とは何か。従来の日中関係は「友好第一」、すなわち「友好に反する」

と言われれば、日本の国益を損なってでも、友好関係を維持していた面があります。友好はあくまで国益という目的に適った手段であるべきところ、手段が目的化していた。これは本末転倒です。戦略的互恵関係においては、両国はあくまで国益を求め、海を通じて国境を接している以上、国益がぶつかることもあります。しかし、日本は中国に投資をし、利益を上げていると同時に、中国も日本の投資によって一千万人以上の雇用を生み出している。つまり、切っても切れない関係です。この関係を壊さないという共通の認識を持つ、その上において、政治問題を解決していく。これこそが、戦略的互恵関係であります。今の中国のふるまいは、尖閣という政治目的を達成するために、日系企業を襲ったり、ボイコットしたりして経済関係を毀損しています。これでは、互恵関係にはなりません。だからこそ、もう一度戦略的互恵関係に立ち戻ることを訴えていきたいと思います。

ダッカ事件の教訓

自由民主党の結党の理念は、第一に戦後復興を成し遂げること、第二に戦後体制に終止符を打つための自主憲法を制定することにありました。振り返ってみると、歴代の政権においては、最初の戦後復興を成し遂げるための経済成長にウェイトがありました。おかげで日本は高度経済成長を遂げたわけですが、一方で経済至上主義のもと、価値の基準を損得におく風潮が蔓延したのも事実です。

憲法について、そして戦後レジームについて私がいつも思い起こすのは、一九七七年、私が大学を卒業した年の出来事です。その年の九月、バングラデシュにおいて日航機がハイジャックされました。時の政府は、ハイジャック犯の要求に従い、超法規的措置により服役囚の釈放に応じました。テロリストに屈し、テロリストを野に放ったと日本政府は世界中から強い非難を浴びました。今から時の政府を非難することはたやすい。しかし、もし私が総理だったとして他の手段をとれたか。

日本国憲法の前文にはこうあります。

「平和を愛する諸国民の公正と信義に信頼して、われらの安全と生存を保持しようと決意した」

実に奇妙な一文です。国民の安全を守るという国家として最も重要な使命を、何と「平和を愛する」諸外国の国民を信頼するという形で丸投げしてしまっている。平和を愛する諸国民が日本人に危害を加えることは最初から想定されていないから、人質を救出しようにも、自衛隊や警察には、その能力がなかった。日本人が日本人のために命をかけないのですから、地元のバングラデシュの人に替わりにやってくれと頼んでもやってくれるはずがなかった。その約半月後、ドイツのルフトハンザ機がPFLP（パレスチナ解放人民戦線）にハイジャックされた。しかし時の西ドイツ政府は、GSG−9という特殊部隊を送り、テロリストを排除し、人質を全員救出し、世界から称賛されました。同じ敗戦国でありながらどこが違ったのか。それはドイツが憲法を改正し、それを可能にしたのに対して、日本は憲法に指一本触れる事ができなかったという違いです。

ダッカ事件の起きた七七年の九月には、石川県において久米裕さんが北朝鮮に拉致されています。警察当局は、実行犯を逮捕し、北朝鮮の工作機関が拉致に関与していることをつかみながら、「平和を愛する諸国民」との対立を恐れたのか、実行犯の一人を釈放した。その結果、どうなったか。二ヶ月後の十一月、新潟県の海岸から横田めぐみさんが拉致されました。もし、あのとき日本政府が北朝鮮政府と対峙する道を選んでいれば、今でもめぐみさんは日本で暮らしていたのではなかったか。

結局、日本国憲法に象徴される、日本の戦後体制は十三歳の少女の人生を守ることができなかったのであります。そして、今もその課題は私たちに残されています。

日本を、取り戻す

また、集団的自衛権の解釈を変更するべきだと私は考えます。

日米安保条約第五条には、日本の施政下にある地域が攻撃を受けた際は、共同対処する旨が記されています。つまり米国の兵士は、日本のために命を懸けることになっています。では仮に尖閣海域の公海上を米軍の船と海上自衛隊の船が航行している際に、米国の艦船が攻撃を受けた際、自衛隊はこれを救出できるのか。集団的自衛権の行使を認めない限り、答えはノーです。

二〇一二年十月の代表質問の際、私はこの点を野田総理に糺《ただ》しましたが、「さまざまな議論があってしかるべきだ」と答えるのが精一杯でした。このような不毛な答弁はやめ、現実に向き合うことこそ政治の責任だと思います。

自民党が政権公約において、第九条第一項の国権の発動としての戦争を放棄し、武力による威嚇又は武力の行使は国際紛争を解決する手段としては用いないことを大前提とした上で、憲法改正によって自衛隊を「国防軍」と位置付けるとしたのも、こうした不毛な論争に決着をつけて、歴史の針を進めるために他なりません。

自分の国を守るために戦わない国民のために、替わりに戦ってくれる国は世界中どこにもありません。

集団的自衛権の行使とは、米国に従属することではなく、対等となることです。それにより、日米同盟をより強固なものとし、結果として抑止力が強化され、自衛隊も米軍も一発の弾も撃つ必要はなくなる。これが日本の安全保障の根幹を為すことは、言うまでもありません。

こうして日本が抱える課題を列挙してみると、拉致問題のみならず、領土問題、日米関係、あるいはTPPのような経済問題でさえ、その根っこはひとつのように思えます。すなわち日本国民の生命と財産および日本の領土は、日本国政府が自らの手で守るという明確な意識のないまま、問題を先送りにし、経済的豊かさを享受してきたツケではないでしょうか。まさに「戦後レジームからの脱却」が日本にとって最大のテーマであることは、私が前回総理を務めていた五年前と何も変わっていないのです。

今回の総選挙で自民党は「日本を、取り戻す。」というスローガンを掲げています。

これは単に民主党政権から日本を取り戻すという意味ではありません。敢えて言うなら、これは戦後の歴史から、日本という国を日本国民の手に取り戻す戦いであります。

（『文藝春秋』二〇一三年一月号より）

安倍晋三（あべ しんぞう）

1954年、東京生まれ。1993年、衆議院議員当選。自由民主党幹事長、内閣官房長官などを歴任し、2006年、戦後生まれとして初の内閣総理大臣に就任。2012年には再び総理に就任し、2020年まで務めた。2022年7月8日逝去。

文春新書

903

新《あたら》しい国《くに》へ　美《うつく》しい国《くに》へ 完全版《かんぜんばん》

2013年1月20日　第1刷発行
2022年7月25日　第3刷発行

著　者　安倍晋三
発行者　大松芳男
発行所　株式会社 文藝春秋

〒102-8008　東京都千代田区紀尾井町3-23
電話（03）3265-1211（代表）

印刷所　理想社
付物印刷　大日本印刷
製本所　大口製本

定価はカバーに表示してあります。
万一、落丁・乱丁の場合は小社製作部宛お送り下さい。
送料小社負担でお取替え致します。

ISBN978-4-16-660903-1